"公司和个人是平等的"

我在2017年迎来了自己60岁的生日。我23岁大学毕业，进入日本的大企业（日产汽车）工作，工作了7年半之后辞职，自费就读于美国的麻省理工学院斯隆管理学院。留学毕业后，我进入对当时的日本社会来说非常陌生的美国大型投资银行高盛集团（以下简称高盛）工作，一干就是14年半，还曾经担任过该公司东京分公司并购部的负责人。后来，我在日本的商学院担任客座教授，同时还担任几家公司的外部董事一直到现在。

我的经历相较于和我同时代的商务人士来说恐怕是个特例。从日本传统的大型企业辞职前往美国留学，然后又进入大型投资银行工作，这可以说是一种高风险高回报的"赌博"。在这个过程中，我必须做出许多决定人生方向的选择，这也使我获得了许多深度思考的机会。

我将在后文中为大家详细介绍相关内容，但我认为：商务人士应具备的最基本的理念是"必须让公司和自己保持平等的关系"。日本有一个形容工薪阶层的词叫"社畜",意思是员工就像牲畜一样遭到公司剥削。其实,在任何国家都存在类似的情况,"公司"很容易占据有利的地位,对"员工"进行控制和支配。

工薪族一旦上了年纪、结婚生子,再加上背负了住房贷款,那除了对公司唯命是从之外还有什么选择呢?我自从工作后就一直因为公司和自己的理念不同而感到十分烦恼,因此很早就产生了这样的想法:

"虽然公司并不是我的敌人,但同样也不是我的朋友,如果我不提出要求,公司绝不会主动为我做任何事情。如果想让公司满足自己的要求,那么就必须让自己和公司处于平等的地位,坚持不懈地与公司进行较量,并且在较量中获胜。"

直到今天,我的这个想法也没有任何改变。要想做到这一点,以下三个信念尤为重要。

① 要敢于冒险、开拓自己的人生;
② 在人生的下半场,一定要能够自己决定自己的位置;
③ 绝对不能让公司单方面地决定自己的位置。

从我个人的经验来看,上述三个在我年轻时就树立起来的信念对我后来的人生起到了非常大的帮助。

我在高盛参与过许多大型并购项目,一般的商务人士很难有这

ゴールドマン·
サックス
M＆A戦記

高盛并购

〔日〕服部畅达
Nobumichi Hattori
著

朱悦玮 译

传奇顾问
亲历巨额交易
幕后的真相

Chronicles of
M&A at
Goldman Sachs

Behind the scenes of mega deals from the
eyes of the legendary advisor

北京时代华文书局

样的机会。我从中获取了非常宝贵的经验，不但了解到日本传统大型企业的经营文化及其优点和缺点，而且亲身感受到了生活在其中的日本工薪阶层的生活方式。

我个人认为，日本企业的经营文化在全世界范围内属于比较特殊的文化。这种文化绝非落后的劣势文化，反而是在21世纪的世界经济界中值得欧美企业学习的优秀文化。亚洲是21世纪经济的"发动机"，但欧美仍然拥有巨大的经济影响力，对大型企业来说仍然是非常重要的利益来源，这一点在当前没有任何改变。

日本企业的经营文化很有可能为21世纪的世界提供一个全新的视角，甚至取代欧美企业的经营文化。

或许有人会说，最近日本的企业接连出现篡改产品数据和产品质量问题，这样的经营文化怎么能走上世界舞台呢？但实际上媒体的大肆报道也不一定准确，媒体并没有准确地认识到问题的本质。

篡改产品数据的问题

让我们来看一看神户制钢所和东丽的篡改产品数据问题。有报道称上述企业与客户签订的合同上规定强度检验数据的标准值为 $200N/mm^2$（$\approx 20kgf/mm^2$），而企业篡改了一部分产品的检验数据，将没有满足这一标准的产品也交付给了客户，但根据后续的相关报道来看，企业交付的所有产品都没有出现任何问题。

这说明了什么问题呢？说明合同上规定的数值标准并不是安全标准上的最低值。也就是说，即便企业交付了稍微低于标准值的产品（比如强度为190N/mm²的产品，偏差值不超过5%），只要偏差在设计上的安全系数（为了防止因材料缺点、工作偏差、外力突增等因素所引起的后果，受力部分理论上能够担负的力必须大于其实际上担负的力，即极限应力与许用应力之比）范围内，都是没有问题的。

当然，遇到这样的情况，正规的做法应该是企业将这些虽然没有满足合同标准但在安全系数范围内的产品筛选出来，将真实的数据告知客户，然后重新签订一份"特殊采用"的补充协议。企业的问题在于直接自作主张地篡改数据。

企业这样做固然不对，但这种问题只要企业向客户承认错误并且采取措施保证不会再次发生就可以了。可是在新闻媒体小题大做的报道中，企业被描述成了一个完全不顾安全标准（实际上只是合同标准）的不负责任的坏企业。同样的情况还出现在东京都丰洲地下水质的问题上。东京都知事的那句"安全但不安心"简直和上述企业的事例如出一辙。

新闻媒体还曝光了日产汽车等汽车厂商疏于进行出厂检查的问题。日本现行的汽车出厂检查制度是日本国土交通省在1951年制定的，检查内容大多是车灯是否能够点亮、仪表盘是否能够正常启动、发动机是否漏油等项目。随着汽车制造技术不断进步，这些检查项目关注的问题早已经被全新的品质管理制度所解决，因此现行的汽车出厂检查制度只不过是走个形式而已，基本上已经名存实亡了。

虽然其中也有必须使用特殊的检查设备才能检测的项目（比如车灯的光轴是否朝对向车道倾斜），但由于现在的汽车企业都已经将品质管理纳入到了生产流程之中，所以这样的检查项目也变得毫无意义。

更重要的一点是，日本并没有专门针对检查员的资格认定考试，检查员的资格完全由企业自己决定。那么，生产出的汽车出现过什么问题吗？答案是没有。

除了出厂检查之外，同样的检查在汽车售出之后的第三年和第五年还要再各进行一遍，也就是我们所熟知的汽车检验制度（车检）。这项制度现在实际上也没什么必要存在了，但如果取消这项制度的话，民间许多从事车检相关工作的企业和个人都将失业，全国各地陆运事务所的相关部门也将无事可做，因此政府迟迟未能对其进行改革。不过新闻媒体可不管实际情况究竟怎样，只是一味地将所谓的"问题"放大。我倒是觉得现在最大的问题是主流媒体的报道水平越来越差。不过，其中也有像因为新干线底架龟裂而暴露出来的川崎重工底架侧梁过度切削之类的问题，这就明显属于企业方面的过错了。

言归正传。对于在大型组织之中工作的人来说，以"保持公司和自己之间的平等关系"为前提展开行动尤为重要。我亲身体验过欧美许多企业的经营文化，这些经验或许能够给即将走入社会的学

生和年轻的商务人士提供一些帮助。如果本书之中介绍的内容可以
让刚刚走进职场的年轻人作为参考，将是我最大的荣幸 。

那么，我就先从自己在麻省理工学院斯隆管理学院毕业之后，
只身一人来到纽约，进入投资银行工作的第一年开始说起吧。

第一章 高盛纽约总部

第四章 日本的超大型并购时代（下）

第五章 回顾在高盛的 14 年半

第六章 给年轻人的建议

第一章
高盛纽约总部

投资银行的第一步

上班第一年，工资5万美元、奖金3万美元

1989年夏天，32岁的我在美国马萨诸塞州剑桥市的麻省理工学院取得MBA学位，进入纽约的大型投资银行高盛就职。

我在1981年从东京大学工学部金属工学科毕业后进入日产汽车成为一名技术人员。1987年，日产汽车安排我去麻省理工学院斯隆管理学院进修，我却在留学过程中自作主张地辞去了日产的工作，成了一名自费留学生。在取得MBA学位后，我以应届毕业生的身份进入高盛就职。

入职的第一年，我是在当时位于纽约百老汇大道85号的高盛纽约总部度过的。6月从麻省理工学院毕业后，我先回到日本，在高盛位于东京的分公司实习了一个月左右，然后在8月正式进入高盛

纽约总部开始工作。

在纽约工作是我提出的要求。因为当时高盛录用我的前提就是让我在东京工作，所以如果我想在纽约工作，大概只有第一年有机会。我觉得好不容易进入总部位于纽约的投资银行工作，无论如何也想在总部工作一段时间，于是我在入职的时候强烈要求第一年在纽约工作。

在纽约生活，我先要解决的问题就是住房。当时纽约的不动产市场是卖方市场，所有的公寓都是一年起租，想短期租住几乎是不可能的。不过因为我刚好能在纽约工作和生活一年，所以租住时间不成问题。

我面临的最大问题是租金。当时，波士顿一间70平方米左右的一室一厅每个月的租金是600美元左右。高盛总部位于纽约下城区的百老汇大道上，与纽约证券交易所比邻。因为每天工作强度很大（基本要工作15个小时左右），所以我只能在下城区、苏豪区或者中城区找房子。这些地方的房租都很贵，最终我在第56大道的一个高层公寓的41层（总高45层）租了一个单间（大约45平方米），月租金1 500美元。

我第一年的年薪是5万美元工资加3万美元奖金（当时高盛的结算期是每年的11月，我9月入职到11月只过了3个月，所以我只能拿到四分之一的奖金，也就是7 500美元），月薪相当于4 000美元多一点。公司每半个月发一次工资，扣除税金之后每次到手大约1 500美元。

这意味着我每个月工资的一半都要用来交房租。不过我租住的这间公寓位置很不错，住在20层以上南向房间的人能看到曾经的世界贸易中心和曼哈顿的日出与日落，住在北向房间的人则能够将中央公园一览无余。

我选择的是租金相对便宜一些的北向房间，能够欣赏到中央公园一年四季的景色让我十分满意。我在这里居住的一年时间里基本没有在公寓周围遇到过什么危险。只有一次，在一个周末的傍晚，我在公寓附近的第7大道散步时，迎面走过来一个身材矮小的意大利年轻人，他和我擦肩而过的时候突然朝我的头打了一拳。我惊讶地回头望去，发现他对擦肩而过的每一个人都会重复同样的举动。

这个男人每次都抬起右手从旁边突然殴打别人的头部，等我回过神来的时候他已经走远了。当时迈克尔·布隆伯格还没成为纽约市市长，纽约的治安情况并不怎么好，地铁车身上满是涂鸦，街区之中到处都能看到流浪汉，第42大道的时代广场更是黑手党的老巢。

每个无故遭到殴打的人都和我一样回过头去看着那个男人，大概心里想着"看看这家伙还能活多久"。但直到他从我的视线里消失为止，没有一个人出手反击。

说起流浪汉，当时曼哈顿很流行一种专门针对游客的"碰瓷"行为，流浪汉将空啤酒瓶装在纸袋子里，假装不经意和游客撞到一起，然后让纸袋掉到地上将啤酒瓶打碎，接着就让游客赔钱，一般都能骗到十几二十美元。除此之外还有一种作案手法，两人一组的强盗，其中一个将冰激凌故意弄到游客的后背上，然后急忙赔礼道歉，以帮忙清洗为由让游客将外衣脱下来，紧接着另一名强盗就突然跑过来将游客的衣服抢走。

我虽然没遇到过抢外套的强盗，但遇到过一次用啤酒瓶"碰瓷"的流浪汉。不过我没理他直接走开了，对方也没有继续纠缠。位于第56大道的这栋高层公寓在我居住的一年间都很太平，但在我回东京后不久，这栋公寓就有强盗闯入，公寓一楼的保安惨遭枪杀。由此可见当时的曼哈顿是个多么可怕的地方。

投资银行部门

在安排好住处之后，32岁的新员工终于要开始正式上班了。我需要先从位于中央公园西南端的地铁一号线哥伦布圆环站坐车20分钟左右抵达位于曼哈顿最南部的南码头站，然后步行5分钟左右抵达当时位于百老汇大道85号的高盛总部。

这栋35层的茶色建筑在外部没有任何标识。不知道的人肯定想不到这就是高盛的总部大楼，这大概是为了防范恐怖袭击。一楼的入口处常年配有荷枪实弹的安保人员，任何人进门的时候都需要出示自己的门禁卡才能入内。

我被安排在投资银行部门（Investment Banking Division，IBD）的全球金融部（Global Finance，GF）。这个部门主要帮助大型企业通过发行公司债券和股票来筹集资金。当时投资银行部门除了全

当时位于百老汇大道85号的高盛总部

球金融部（后来更名为公司金融部）之外，还有投资银行服务部（Investment Banking Service，IBS）和并购部。全球金融部和并购部合作比较密切，几乎有一半的业务都是为并购提供顾问咨询。

当时其他的大型投资银行，比如所罗门兄弟和美林都是从证券经纪业务发展而来的，而高盛及其主要竞争对手摩根士丹利则同是从投资银行部门，也就是从企业股票和债券的承销业务发展而来的。因此，投资银行部门在当时是这两家企业的重心，合伙人的数量也是最多的。

除了投资银行部门之外，高盛还有从事股票经纪和交易业务的股票部门（Equity Division，ED）以及从事债券经纪和交易的债券部门（Fixed Income Division，FID）。因为与股票相比，债券的收益相对稳定，因此被称为"Fixed Income"（固定收益）。

1989年，高盛招聘了大约50名像我一样取得MBA学位的应届毕业生作为经理（Associate），除此之外还有数量差不多的大学应届毕业生作为分析师（Analyst）。这些分析师最多工作两年，然后就会去商学院继续深造。

同样的情况在麦肯锡等管理咨询公司之中也十分常见，很多分析师在管理咨询公司积累两年的工作经验就去考取MBA学位，随后进入投资银行工作，而在投资银行积累两年工作经验然后考取MBA学位进入管理咨询公司工作的人也不在少数。当然也有取得MBA学位后又回到原来行业继续工作的人。不过这种职业发展路线在欧洲和日本似乎并不流行，欧洲和日本的大学毕业生只要在公司内连续工作三年，即便没有考取更高的学位也一样有机会从分析师升职为经理。

我入职的时候，正是高盛东京分公司的投资银行部门开始录用应届大学毕业生的第三年，还没有从分析师升职为经理的人。投资银行的招聘工作是各部门独立进行的，因此各部门之间争抢优秀MBA毕业生的情况十分常见。我和同期入职的约50名经理级新员工一起在纽约接受新人培训，所以相互之间也算是认识了，但我和其他部门的新员工之间没有任何交流。后来因为工作上的关系，我才和其他部门的同事逐渐熟悉起来。

目标是"华尔街的最高荣誉"

高盛的组织结构非常简单，除了秘书等辅助职务外，公司里的正式职务只有4种，分别是分析师、经理、副总裁（Vice President，VP）、合伙人。经理级别的员工工作满4年仍然没有被淘汰的话就有资格升职为副总裁，这个职务虽然被称为"副总裁"，但大概相当于日本的"课长"。副总裁级别的员工工作满4年就有资格升职为合伙人，这也是公司内员工的最高级别。

当时的高盛是大型投资银行中唯一仍然保留合伙人制度的公司。在1989年，高盛拥有100名左右合伙人，准确地说是无限责任合伙人（General Partner，GP）。这些合伙人承担无限责任，他们与无限责任公司的区别在于，合伙人的收入不必以公司的形式缴税，而是公司将税前收入分给合伙人作为其个人所得，然后合伙人自己缴纳个人所得税。

大约有一半的经理能够成为副总裁，但从副总裁变成合伙人的概率就非常低了。在当时，能成为高盛的合伙人被称为是"华尔街的最高荣誉"。1989年，高盛的员工总数大约有7 000人；1999年股票公开发行时，高盛的员工总数则为15 361人。在7 000人中只有100名合伙人，确实有种"人上人"的感觉。

从理论上来说，一名MBA的应届毕业生最快只需要8年的时间就能够成为合伙人，但实际情况是有不计其数的人连副总裁的职位都没上去就被解雇了。有的人在成为副总裁后因为业绩不佳也惨遭解雇，还有不少人在副总裁的职位上一干就是十几年。许多投资银行都相继放弃了合伙人制度转变为股份有限公司，通过上市在资本市场中筹集资金，同时将自身的股票作为对骨干成员的奖励。只有高盛一直坚持合伙人制度，直到1999年5月才开始公开发行股票，这在很大程度上都是受公司文化的影响。

因为身处竞争激烈的投资银行业界，高盛的内部竞争也十分激烈，但高盛有14条规定，被称为"高盛商业原则"，在办公区域内随处可见。

第一条 客户利益至上（Our Clients' Interests Always Comes First）；

第二条 重视人才、资本以及声誉；

第三条 股东利益是公司的最终目标；

第四条 做最专业的公司；

第五条 保持创造力和想象力；

第六条 网罗最优秀的人才；

第七条 给公司内的优秀人才提供最好的晋升机会 [①]；

第八条 一切以团队为先（We Stress Teamwork In Everything We Do）。

（以下略）

正如第八条所示，高盛的公司文化更重视团队的力量。

一年工作4 000～5 000小时

1989年入职的约50名投资银行部门的经理级新员工的公司生活是从为期3周的培训开始的。在完成培训后，所有人都要参加美国证券业务资格考试第七系列（Series 7）（相当于日本的证券经纪人考试）。据说之前高盛所有的经理级新员工都一次成功拿到资格证书，所以我们当时压力也比较大。试卷全部为英文，由250道选择题组成，考试时间为6小时，范围包括企业财务、会计、美国证券交易法、股票、债券、认股证书等有价证券相关内容，基本上答对

① 著者注：这大概指的是升职、加薪机会。

70%就算合格。对于美国人来说，这大概是非常简单的考试，但外国人就需要下点功夫做准备才行，我也是勉强合格的。

在培训结束后，我就被安排到位于高盛总部21楼的投资银行部门全球金融部工作。一般来说，美国的投资银行都给员工安排专门的办公室，即便只是分析师和经理级别的员工，也能够两个人共用一间15平方米左右的小型办公室。但在高盛只有副总裁级别以上的员工才有自己的办公室，分析师和经理都是在开放空间办公的。

不过分析师和经理都有一个巨大的"凹"字形办公桌，上面摆放着电脑和大量的资料，办公空间相当于日本普通工位的三倍。工位之间的隔断很矮，只要一抬头就能看到其他同事的脸，非常有利于交流。

副总裁办公室的面积大约为15平方米，都在窗边。这些办公室相当于将整个楼层围了一圈。副总裁办公室门前是秘书的办公区域，而秘书办公区域的后面就是分析师和经理的办公位置（"凹"字形的办公桌，相当于工位）。也就是说，副总裁、分析师和经理三个人共用一名秘书。这也是我职业生涯第一次拥有秘书。不知为什么，我的工位周围美女如云，非常养眼。但遗憾的是，我每天的工作都非常多，根本无暇一饱眼福。

在高盛，员工平时每天上午9点上班，晚上要到9点或者10点才能下班，甚至有的时候要忙到12点以后；周六也要上午9点或者10点上班，一直工作到下午五六点钟；忙的时候，连周日也要加班。员工基本上每周要工作70～80小时。

　　我在高盛东京分公司实习的时候，因为人手不足所以加班的时间更多了，每周要工作90～100小时（从周一到周六每天上午9点到晚上12点，也就是一天工作15小时，加起来就是90小时，周日再工作10小时的话，一周就要工作100小时）。与之相比，在高盛总部，员工的工作时间可以说是相当"健康"。

　　后来，我回到东京的第三年到第四年是最忙的一段时间，那时候每周都要工作100小时。这样算下来，我一年要工作5 000小时。不过因为我能够在一定程度上自己安排工作，所以也没觉得很辛苦。

　　在接下来的内容中，我将为大家介绍高盛的实际工作内容。本书为了尽量营造出临场感，会将金额等数字都具体地表示出来，但这些数字并不能保证完全准确，只是作为一种参考或者例子，帮助大家更好地理解当时的情况，希望不要引起大家的误会。

承销东京扬基债券

温伯格主席

从现在开始，介绍的内容都是我亲身经历的交易项目。不过，因为我参与的几乎都是涉及商业机密的项目，所以我只能讲述那些允许公开的内容。不过，我将以我在这些项目进行过程中的思考和行动为主进行介绍，因此不会涉及商业机密信息，也没有太专业的内容，可以说都是一些日常的琐事。我希望通过这种方式能够揭开覆盖在投资银行从业人员身上的神秘面纱，让更多的人了解这一行业的工作状态。

我在纽约被安排的第一项工作就是承销高盛东京分公司参与的

扬基债券[①]。发行金额为1.75亿美元，1989年10月2日决定的最终发行条件为"票面年利率8.70%，从1989年10月5日开始计息，到期日1999年10月5日，发行价格为99.90美元"。

因为我之前毫无投资银行的工作经验，根本不知道要如何去完成这项工作，所以只能看别人怎么做，然后我照猫画虎。我那段时间每天都从自己办公室所在的21楼跑到债券部门所在的27楼，和决定新债券发行价格的资本市场部的负责人商议工作内容。

我需要将债券的初步发行条件整理出来报告给日方。承销合同和计划书主要由高盛雇用的律师事务所制作，我将上述文件的底稿交给日方，然后将日方提出的条件和给出的数据整理到一起，翻译成英语再交给律师。

虽然这只是很简单的流程，但也把我搞得焦头烂额。在决定价格的前一天晚上，我和律师一起在印刷厂逐字逐句地检查计划书的最终稿，看里面是否还有错误，但我一个错误也没找出来。我有些不安地觉得自己根本没派上什么用场。

我发挥的唯一作用，大概就是受高盛东京分公司的委托，在高盛东京分公司的干部们来纽约的时候，成功地邀请到高盛总部的主席一起共进午餐。当时担任高盛主席兼首席执行官（CEO）的是约翰·L.温伯格。

---

① 扬基债券是在美国债券市场上发行的外国债券，即美国以外的政府、金融机构、企业和国际组织在美国国内市场发行的、以美元为计值货币的债券。"扬基"一词英文为"Yankee"，意为"美国佬"。由于在美国发行和交易外国债券时，需要同"美国佬"打交道，故名扬基债券。

我去主席办公室和主席秘书约定日程的时候，刚好主席本人从外面回来，他看着我问道："你是谁？"

"我是今年刚入职的经理。"

我做了一下自我介绍。

"是嘛，加油啊。"

虽然只是简单的交流，但能和主席直接对话让我感到非常荣幸。但更令我惊讶的事情还在后面。大约两周之后，我在午餐会之前去邀请主席，然后和他一起搭乘电梯前往宴会厅。

主席忽然在电梯里开口对我说道："你是叫畅达吧？刚来公司的那个。最近感觉怎么样？"

我吓了一跳。温伯格主席身高只有165厘米，又矮又胖。在充斥着帅哥美女的华尔街，这可是相当少见的体形。但他从1976年开始担任CEO，当时已经在这个位置上坐了十多年，是一位声名显赫的管理者。

和他同一时代的著名管理者还有路易斯·郭士纳。郭士纳曾经担任过美国运通的副总裁，1993—2002年一直担任IBM（国际商用机器公司）的CEO。郭士纳和温伯格有很多相似之处。他们都身材矮小、声音沙哑、相貌平平，但很有人格魅力。这两个人大概是英雄相惜，私交甚密。

对于刚入职的我来说，高盛的CEO可是高高在上的大人物。虽然我对温伯格主席擅长记住别人名字的超强记忆力早有耳闻，但怎么也想不到他连我这个在两周前只和他有过一面之缘的新员工的名字也能记住，还主动和我打招呼。我顿时就被他吸引了。我觉得最能够体现合伙人时代高盛优良传统的人非温伯格主席莫属。我认识的那些曾经在高盛工作过的人之中，没有一个人说过温伯格的坏话。

在高盛的历史上，经常会出现两位主席同时对公司进行管理的情况。温伯格在1976年出任主席的时候，和他共同担任主席职

1990年开始出任高盛联名主席的
罗伯特·鲁宾

务的是约翰·怀特赫德。怀特赫德在1984年出任副国务卿，因此卸任高盛联名主席的职务。温伯格卸任后，斯蒂芬·弗里德曼和罗伯特·鲁宾出任联名主席。鲁宾后来成为克林顿政府的国家经济委员会主任以及财政部部长。

盈利70万美元

高盛不只主席由两个人共同担任，像投资银行部门和债券部门等主要的业务部门的负责人也由两个人共同担任。从日本人的常识来看，这应该属于相当特别的组织形态。

让我们再回到之前债券的话题，一般来说10年期公募债券的承

销手续费是65个基点（0.65%）。那个扬基债券的发行总额为1.75
亿美元，因此承销团的总利润为113.75万美元。由于高盛是主承销
商（还有其他几家承销商），所以获利为总利润的六七成，也就是
70万美元左右。虽然从数额上来看盈利并不多，但这毕竟是刚成立
不久的高盛东京分公司做成的业务，所以还是具有一定意义的。

好莱坞的电影金融

B级电影制作项目

扬基债券的承销工作结束之后，我接下来被安排的任务是帮助好莱坞的电影制作公司筹集资金。像高盛这样的投资银行，在各分公司之中都有一个工作统筹专员（Assignment Officer），负责给各投资银行部门的分析师和经理分配工作任务，决定他们参与哪些项目。

工作统筹专员一般由副总裁级别的优秀人员来担任，任期为一年左右。除了从客户那里接到工作任务并分配给下属员工之外，工作统筹专员还有一半以上的工作任务是开拓更多的客户。

每个工作项目都有一名合伙人或者副总裁担任项目负责人，然后再加上几名分析师和经理，组成一个3~5人的团队来开展工作。

投资银行部门能够组建出许多个这种规模的团队。如果是证券承销项目，工作团队在此基础上有时候还需要加入其他相关部门（资本市场部等）的成员和拉来客户的业务员。不过即便如此，一个项目的团队成员最多也不会超过10人。

一名分析师在同一时期可能会参与多个并购交易项目和并购意向项目。在绝大多数情况下，新的工作任务总是在周五的傍晚被安排下来。每当周五下午我觉得自己终于能休息两天的时候，如果接到了工作统筹专员打过来的电话，休息的事就别想了。因为在周五的傍晚接到工作任务的话，项目组下周一下午必须到客户那里做报告，所以周末的时间就要全都用来进行工作准备。

有一次，我被安排了一个关于电影行业的工作任务。客户来自好莱坞，是一名叫作托马斯·蒙特的电影制作人，他经营的蒙特电影公司（MPC）计划每年以低成本制作4~5部电影，每部电影的制作成本在100万美元左右。这就是所谓的大量制作的B级片。

卖点是"在高风险的电影行业实现低风险的投资"

电影的成本分为制作成本和宣传、发行成本，制作成本包括工作人员的工资和演员的报酬以及底片的制作费用等，宣传、发行成本则包括底片的复制费用以及广告宣传费用等。对于低成本电影来说，两者的费用基本相同，也就是说制作成本100万美元的电影的总成本在200万美元左右。

那么蒙特电影公司这项事业计划每年就需要投入1 000万美元的成本。电影总收入的50%来自票房。如果电影制作方和华纳等大型电影公司签订合同，虽然能够让电影在全美的院线上映，但也要分给发行方一半的票房，剩下的才是制作方的收入。

一部电影总收入的另外50%来自美国上映后2～3年的海外票房以及光盘销售和收费电视的收入。因此，如果以3年为一个周期，每年投入1 000万美元，3年需要投入3 000万美元，第三年的时候能够得到第一年制作的5部电影的全部收入以及第二年制作的5部电影的50%的收入，从第三年开始，这项事业才算能够产生稳定的现金流。

如果是投入极高成本的大制作影片，比如1985年上映的《回到未来》，据说制作成本高达1 900万美元，但仅在美国本土就取得了2.1亿美元的票房。在这种情况下，制作方除了收回成本之外还能够获得较高的回报，参加演出的演员也会根据自己的名气获得高额的提成。但高成本影片一旦失败也会赔得血本无归，可以说是高风险高回报的投资。

这个项目的卖点是"通过大量制作低成本电影分担风险，在高风险的电影行业实现低风险的投资"。不过，后来高成本电影的制作成本越来越高。比如1977年上映的《星球大战4：新希望》的制作成本为1 100万美元，票房收入7.75亿美元；2015年上映的《星球大战7：原力觉醒》的制作成本就飙升至1.13亿美元，票房收入为8.48亿美元。

从日本企业筹集2 000万美元

高盛的任务是帮助MPC筹集到2 000万美元的资金，也就是寻找愿意投资MPC的投资者。MPC通过贷款来筹集剩余的1 000万美元。由于筹集资金的方式是发行公司股票，因此既可以将其看作是私募发行公司股票，也可以将其看作是买入该公司少数股东所持股票的并购。虽然托马斯·蒙特在当时只是一个名不见经传的小人物，但后来成为环球影业的老板，堪称好莱坞的名人。他凭借自己的人脉和才能，使得他在没有多少资本的情况下拥有公司80%的决定权和收益权。

我带着蒙特之前作品的影像资料和事业计划书拜访了几十家日本企业。计划书的主要内容是5年的盈亏计算模型，这个模型通过对之前作品的收入与成本进行比较，来对盈亏情况进行模拟。

当时正值日本泡沫经济末期，日经平均股价虽然比1989年的最高值4万日元有所下跌，但很多人都认为这只是市场的短暂调整，坚信"日经平均股价冲击10万日元指日可待"。如果说有谁敢参与投资好莱坞电影公司这种高风险的项目，日本企业当仁不让。我把自己能想到的企业全都跑了个遍，最后终于有一家企业决定投资2 000万美元。

曾经的同事成为"首席战略顾问"

从蒙特手中取得这项业务的是当时隶属于高盛洛杉矶分公司的史蒂夫·班农。

没错，他就是被称为特朗普政权的幕后推手，被赶出白宫后爆料给迈克尔·沃尔夫，帮助后者出版了畅销书《火与怒：特朗普政权内幕》（*Fire and Fury: Inside the Trump White House*）的那个人。因为前文中提到的那项

史蒂夫·班农

工作，我和班农共事过9个月。他在公司里给人的印象十分一般，并不是很优秀的那一类人。不过，他自视甚高，觉得公司对他不够重视，似乎因此心生不满。

虽然这项工作取得了成功，但班农却在项目即将结束之时跳槽到了MPC。不仅如此，MPC还赖掉了应该支付给高盛的报酬（筹集金额的5%，也就是100万美元）。现在回想起来，这很有可能是班农和蒙特早就计划好的。

不过，当时的高盛为了维护自身的名誉，不可能因为区区100万美元的报酬就起诉客户。我估计班农告诉蒙特说"这么点钱，就

算赖掉也没事，高盛不会把事情闹大的"。

　　事情的真相现在已经无法得知，但有个细节很是耐人寻味。我带有兴趣投资的日本企业负责人去MPC考察的时候，蒙特顺便邀请我们去位于其公司附近的环球影业的摄影棚参观，因为有蒙特带领，所以我们进到了普通游客进不去的拍摄现场。但不管是午餐还是晚餐，蒙特都是让我刷卡结账。一般来说，与项目有关的差旅费和客户招待费都应该由MPC承担，但既然蒙特连项目报酬都赖掉了，那么这些相关费用肯定也是不会给的。由此可见，他很有可能是从一开始就全都计划好了。

　　在9个月之内，我在纽约和洛杉矶之间搭乘"红眼航班"往返了10次。第一次见到好莱坞的美景让我感到非常沉醉，对我来说，这是个乐在其中的项目，但对公司来说却只得到了一个非常不好的结果。

　　"红眼航班"指的是夜晚航班。纽约和洛杉矶之间有3个小时的时差，航班早晨7点从纽约起飞，经过6个小时飞行抵达洛杉矶的时候，洛杉矶时间是上午10点。这样我正好可以开始一天的工作，然后晚上10点搭乘从洛杉矶到纽约的航班，大约6个小时的飞行时间再加上3个小时的时差，抵达纽约的时间刚好是早晨7点，回到公寓洗个澡之后就红着眼睛去上班。因此，我们将这种夜晚航班称为"红眼航班"。

　　班农跳槽到MPC之后不久就辞职成立了自己的电影制作公司，再后来我就没有他的消息了。从那以后过了大概30年，我竟然在报纸上又看到了他的照片，他的身份是美国共和党总统候选人的重要幕僚。他的脸上多少还能看出年轻时的影子，但体重增加到了之前的2倍，而压迫力和令人不舒服的感觉则增加了100倍。后来特朗普成功当选美国总统，班农则成为白宫的首席战略顾问，真是让我大吃一惊。当然，后来他离职的速度也同样令人吃惊。

发行住友银行 5 亿美元次级债券

BIS管制迫使资金筹集手段多样化

就在为电影制作公司筹集资金的工作渐入佳境的时候，我又接到了一项筹集资金的工作。那就是承接住友银行次级债券的发行工作。

当时，世界各国的银行为了达到国际清算银行①（Bank for International Settlements, BIS）要求的自有资本标准而想尽一切办法筹集资金。国际清算银行是世界各国的中央银行共同出资成立和运

---

① 国际清算银行是由英国、法国、德国、意大利、比利时、日本等国的中央银行与代表美国银行界利益的摩根银行、纽约花旗银行和芝加哥花旗银行共同出资，根据《海牙国际协定》，于1930年成立的，最初为处理第一次世界大战后德国战争赔款问题而设立，后演变为一家促进各国中央银行合作的国际金融机构，是世界上历史最悠久的国际金融组织，总部设在瑞士巴塞尔。

营的组织，以促进各国中央银行之间合作和国际金融系统稳定为目的。1988年，国际清算银行下属的巴塞尔委员会制定并通过了《关于统一国际资本衡量和资本标准的协议》（即《巴塞尔协议》），要求有关金融机构的资本中自有资本的比率必须维持在一定的标准以上。这一规定直到现在仍然有效。

大体上来说，金融机构的自有资本由普通股等核心资本以及包括有价证券的未实现利润和次级债券等附属资本构成。当时，日本各大银行的自有资本绝大多数都是普通股和有价证券的未实现利润，从没有发行次级债券的先例，甚至有研究《商法》学者声称根据当时的《商法》规定，日本的银行（以及普通企业）没有发行次级债券的权利。

不仅如此，根据当时日本大藏省①的规定，日本的银行中有权发行"公司债券"（金融债券）的只有日本兴业银行、日本债券信用银行以及日本长期信用银行这三家银行和唯一的外汇专业银行东京银行（其他还有农林中央金库和商工组合中央金库等也有权发行金融债券）。

但自从泡沫经济崩溃以后，日本股市一落千丈。与此同时，国际清算银行对自有资本的管制也越发严格起来，日本的大型银行只能通过发行次级债券的方式来达到BIS的要求。虽然日本的大

---

① 大藏省是日本自明治维新后直到2000年期间存在的中央政府财政机关，主管日本财政、金融、税收。2001年1月6日，日本中央省厅重新编制，大藏省改制为财务省和金融厅（主要负责银行监管）。

型银行从人寿保险公司贷款然后将偿还顺序放到一般债务之后使其变成后偿贷款的方法也可以筹集到符合BIS标准的自有资本，但这种方法早就已经用过，在日本市场之中已经找不到买家了。因此，日本的大型银行只能通过在欧美的公募债券市场发行这种类型的债券来筹集资本。

绕过日本的《商法》与日本大藏省规定

为了帮助日本的银行筹集资金，高盛制定了一个能够绕过日本的《商法》与日本大藏省规定的发行次级债券的计划，并且劝说住友银行发行次级债券。简单来说，这个计划就是由住友银行在荷兰的金融子公司作为发行主体，从而绕过一切日本国内的限制。荷兰的法人可以根据荷兰的《公司法》来设计有价证券的种类，不必受日本《商法》的限制。

但仅凭住友银行在荷兰的金融子公司的信用度无法借贷太多的资金（发行公司债券相当于借贷），所以需要日本住友银行给这家公司的债券提供担保，可是这样做的话实际上就相当于日本住友银行自己发行债券，可能出现违反日本的《商法》和日本大藏省规定的问题。为了避免出现上述问题，只能由住友银行纽约分行来提供担保。虽然从严格的意义上来说分行没有法人资格，但纽约分行可以不受日本的《商法》和日本大藏省规定的限制，所以只能采取这种办法。

因为住友银行纽约分行在美国开展银行业务，所以处于美国金融监督局的监管之下，不受日本大藏省规定的限制。之所以要制定一个这么复杂的计划来绕过日本的《商法》和日本大藏省规定的限制，是因为日本当时的《商法》并没有考虑到发行次级债券的情况，而日本大藏省又规定只有一部分银行才能发行公司债券（金融债券）。如果日本的企业违反日本《商法》在日本国内发行次级债券，然后在法庭上争取合法的判决，这种做法实在是太冒险。因此，有资金需求的日本企业只能采取由海外分支机构发行公司债券、海外分支机构提供担保的方法。

后来，日本的许多银行又通过利用海外子公司发行特殊优先股等各种方法来筹集资本满足BIS的要求。最终，日本法务省在日本大藏省和日本银行业的要求下对日本的《商法》进行了修改。我参与的住友银行次级债券发行项目可以说是引发变革的导火索。

关键时刻的潜力

住友银行发行的次级债券包括荷兰子公司在欧元区市场发行的5亿美元和纽约分行在扬基债券市场（美国公募债券市场）发行的5亿美元两部分。我负责的是美国市场发行的5亿美元次级债券。因为我入职高盛之后的第一项工作就是承销扬基债券，所以这是我第二次参与公司债券的相关项目，多少也算有些工作经验。

这个项目的发行金额为5亿美元，期限为10年，因此承销手续费是65个基点（0.65%）。承销团的总收入为325万美元，除了高盛之外还有几个主承销商，因此高盛能够获得总收入的六七成，也就是大约200万美元的巨额利润。为此，高盛专门安排了一名副总裁做总负责人，我也做了许多工作。

决定债券价格的仍然是位于27楼的债券部门的资本市场部。我每天都要和他们确认债券发行条件是否有调整。虽然同为日本的债券，但这次没有政府担保，只能靠发行方（担保方）——住友银行纽约分行的品牌和信用度来吸引投资者的目光。如果是在日本的话，住友银行的大名恐怕是无人不知无人不晓的，但在美国市场，住友银行的名气远远比不上索尼和本田。即便有标准普尔的评级，投资者们仍然没有表现出多大的兴趣。可以说，这个项目面临的市场形势非常严峻。

另外，由于发行计划过于复杂，因此承销合同和计划书等资料的页数非常多，制作资料也是一项很繁重的工作。但总算是功夫不负苦心人，这5亿美元的次级债券全都卖出去了，我也松了一口气。项目开始时，我作为主承销商的一员前往当时位于东京大手町的住友银行总部做尽职调查（due diligence）。

高盛东京分公司的员工用日语提问，住友银行的干部用日语回答。从纽约高盛总部来的副总裁因为听不懂日语，只能干着急又没办法。于是我急忙小声地为他做同声传译，这把我也弄得焦头烂额，还好最后有惊无险地过了关。我在关键时刻发挥出了意想不到的潜力。

1990年7月13日，这个项目的最终发行条件确定了，为"1990年7月15日正式发行，2000年7月15日到期，票面年利率9.55%，发行价格99.972美元，从1990年7月15日开始计息"。

合伙人制度与上市

合伙人与合伙人（假）的差异

我在这里为大家介绍一下当时高盛的合伙人制度。我入职的时候，虽然因为高盛没有上市而不公布每年的应税收入，但应该也有几亿美元。1999年高盛在纽约证券交易所上市时应税收入大幅增加。1998年约为29亿美元，1999年约为20亿美元，2000年约为50亿美元。由此可见我入职的1989年应税收入至少也有几亿美元，但当时高盛的合伙人只有100名左右，每名合伙人的平均应税收入有几百万美元。这与"华尔街的最高荣誉"这一称号可以说很相配。

按照1999年高盛首次公开发行（IPO）时的公募价格来计算的话，高盛当时的市值在200亿美元左右。此时，高盛预计第二年（2000年）的应税收入为30亿美元（实际为50亿美元）。假设企业

所得税的税率为33%左右，那么股价收益率大约为10倍。其中大约
48.3%的股份都归当时的221名合伙人所有，大约12.6%的股份在市
场上卖出，大约21.2%的股份被分给合伙人以外的几千名员工。

剩余的大约17.9%分属于20世纪80年代投资高盛的日本住友银
行和夏威夷卡米哈米哈大帝资产管理公司，以及离开高盛后仍有属
于自己的尚未提取完毕利润的有限合伙人。

也就是说，在1999年高盛上市时，221名合伙人的平均持股
价值为200亿美元×0.483÷221≈4 400万美元。这只是以IPO时的
公募价格来计算的，而高盛的股价在之后迅速飙升到发行价的两倍
以上。

我在高盛成功上市之后的2000年成为合伙人董事总经理（partner
managing director）。但我这个"合伙人"和上市之前每两年一度选
出来的"合伙人"完全不同。可以说，1998年之前高盛的合伙人才
是"真正的合伙人"，他们在高盛上市的时候相当于公司的共同拥
有者（股东）。

2000年我成为合伙人（假）的时候，还有100名左右和我一样
的员工也成为合伙人（假）。加上原有的221名合伙人（真），高
盛总共有了300多名合伙人。但新任合伙人（假）的收益分配权一
律为0.15%左右，级别最高的合伙人是保罗森主席，他的收益分配
权是0.9%。

假设1998年的新任合伙人的收益分配权也是0.15%，那么他们
在IPO时所拥有的股份价值就是200亿美元的0.15%，等于3 000万美

元。这和前面计算的221名合伙人平均每人拥有相当于4 400万美元股份的结果完全吻合。

但221个人分别拥有0.15% ~ 0.9%的收益分配权，加起来仍然不足100%。这是因为高盛除了合伙人之外还有住友银行和卡米哈米哈大帝资产管理公司等其他股东，IPO时又在市场上发行了12.6%的股票。即便如此，原有的221名合伙人仍然在IPO时根据自己拥有的收益分配权而成了股东，也就是说这221名合伙人全都获得了巨额的资本收益。

但2000年的合伙人（假）由于不是股东，因而没能拿到上述巨额收益中的一分钱。类似的情况还出现在已经离职的合伙人身上。也就是说，高盛从合伙人制度转变为股份制度，这意味着在这个时间点上的极少数（221名）合伙人独占了公司过去以及未来所有合伙人的共同财富。

221位合伙人的巨额资本收益合理吗？

为什么这么说呢？我来简单地解释一下。高盛每两年选举一次合伙人（有投票资格的只有几十名高级合伙人），一旦被选为合伙人便拥有获得公司税前利润一定比例的权利。这个权利仅在担任合伙人期间有效，离职后权利自动失效。因此，从严格意义上来说合伙人并不是"股东"。股东的股份不会因为股东离开公司而消失。合伙人只是在公司任职期间，每年都有相当于公司税前利润一定比例的收益分配权而已。虽然2000年之后新任合伙人（假）的收益分配权也有0.15%，但这只是作为奖金分配时的一个标准，除此之外没有任何意义。

在高盛IPO之前的1998年上任的合伙人虽然收益分配权可能也是0.15%，但意义完全不同。1998年高盛的税前利润大约为29亿美元，因此1998年上任的合伙人在上任第一年的税前收入就是29亿美元的0.15%等于435万美元。一年赚这么多钱，大多数人都会感觉很爽吧。当然，如果所有的合伙人都将自己的收益全部从公司里拿出来的话，公司就一分钱利润也剩不下了。因此，在职的合伙人一般不会将自己的收益全部拿走。

但合伙人也要养家糊口，一分钱不拿肯定是不行的。一般情况下，高盛的合伙人月薪在5万美元左右（年收入60万美元）。除此之外合伙人还有一张信用卡，只要是与工作有关的消费（甚至包括日常的购物和饮食）全都由公司报销。到了年底如果业绩不错的话，合伙人还能够得到相当于12个月工资的巨额奖金。

这么多钱基本上就够用了，所以合伙人几乎都会将自己的收益留在公司。这部分资金被称为合伙人资金。合伙人离开公司后转变为有限合伙人，失去收益分配权，同时也不必为公司出现的损失承担任何责任，但能够在10年内分期领取自己剩余的合伙人资金。

由此可见，合伙人并不是公司的股东，只是在任职期间对公司的年度收益拥有一定的收益分配权而已。可是在高盛IPO时，那221名合伙人虽然将12.6%的股份卖到市场，将21.2%的股份分给员工，却独占了48.3%的股份，说这是独占公司过去以及未来所有合伙人共同财富的行为也不为过。

剩余的股份属于住友银行和卡米哈米哈大帝资产管理公司，它们在高盛最困难的时期投资数亿美元帮助高盛渡过难关，所以获得这些股份是理所应当的。我认为，221名合伙人拥有48.3%股份是值得质疑的。

第二章
高盛东京分公司

住友制药投资赛特尔公司

在住友银行的次级债券项目即将完结的时候，我在纽约也刚好工作满一年，即将离开美国回到日本。在高盛东京分公司，我作为"2年级"的经理，仍然被安排在投资银行部门的全球金融部。我的工作内容和在纽约时一样，一半是帮助大型企业在海外市场筹集资金（承销），一半是并购相关的顾问业务。

在高盛东京分公司干了3年经理之后，我晋升为副总裁。这3年间，我几乎每年都要工作5 000小时。虽然升任副总裁后每年的工作时间减少到约4 000小时，但生活方面没有太大变化。

在成为副总裁的第3年，我从全球金融部（后来更名为公司金融部）调到高盛东京分公司的并购部出任部长，从此便只负责并购项目。在出任并购部部长之前，我参与的项目（包括失败的项目）多如繁星，但其中有几个项目给我留下的印象非常深刻，接下来我将为大家逐一介绍。

精英生物科技公司

我回到东京后参与的第一个项目，是将位于美国加利福尼亚州圣迭戈附近拉贺亚市的赛特尔（Cytel）公司的一部分股票卖给日本的制药企业。作为回报，日本的制药企业将获得赛特尔公司未来开发的医药产品在日本的独家销售权。

当时，赛特尔公司刚成立没几年，但在人类免疫系统相关疾病的治疗药物开发领域处于世界领先地位，其管理层也是人才济济。

美国科技领域的创业企业大多规模较小，而且因为产品都在开发过程中所以没有盈利，但CEO以下的管理层往往聚集了许多超一流的精英。赛特尔公司也不例外。

赛特尔时任的CEO杰伊·库兰斯勒（Jay Kranzler）是耶鲁大学的药学博士，在麦肯锡工作一段时间后加入赛特尔。库兰斯勒当时30多岁。在日本人的眼中看来还很年轻，但他已经取得MBA和Ph.D（学术型博士学位）并且拥有10年左右的咨询顾问工作经验，是一位典型的美国商务精英。在离开赛特尔之后，他先后在几家生物科技公司担任CEO，后来成为全世界最大的生物制药公司辉瑞的中枢神经领域研发全球负责人。

时任赛特尔研究开发负责人的是从加州大学洛杉矶分校（UCLA）跳槽过来的这一领域的世界级权威詹姆斯·保尔森。后来，保尔森成为全世界最大的私立非营利生物医学研究组织斯克里普斯研究所的分子和细胞生物学研究部门负责人。许多诺贝尔奖得主都是这个研究所的研究人员。

泡沫经济余韵犹存之时

为赛特尔公司筹集研究资金的项目在1991年正式开始。当时的日本尚未从泡沫经济的热度中完全冷却下来，日本企业在全世界挥舞着钞票，因此日本的大型制药企业自然而然地成了我们的目标。事实上，当时日本经济已经开始崩溃并且逐步坠入"失去的20年"的无底深渊，但当时谁也没有意识到这一点。

高盛东京分公司的团队和高盛洛杉矶分公司的团队展开了合作。我们带库兰斯勒和保尔森拜访了位于大阪修道町和东京日本桥附近的所有日本大型制药企业，对赛特尔公司的技术内容以及开发中的医药产品进行说明。

经过与几家候选企业谈判，最终住友制药投资2 000万美元获得了赛特尔公司产品在日本的独家销售权。高盛的手续费和之前好莱坞那个电影项目一样是筹集到资金的5%，也就是100万美元。如今这种程度的成功报酬已经无法打动大型投资银行了，但在当时却是利润相当丰厚的项目。后来赛特尔公司在纳斯达克上市，市值一度飙升到10亿美元，但最终还是没能开发出具有革命性的新药品。由此可见，对生物科技公司投资确实存在极高的风险。

熟悉并购业务的机会

投资银行的工作除了企业之间的并购之外，还有像这个项目之类的业务，为企业筹集少数股东资本。投资银行帮助买卖双方牵线搭桥，经过谈判后完成交易。但事实上，在交易结束后的公司经营才是决定投资项目成功与否的关键。从这个角度上来说，并购顾问的工作属于一种投机行为。

但投资银行也需要基于科学的依据对为数众多的创业企业进行评估，判断其是否具有投资潜力，然后与潜在的买方进行谈判，最终制作多达几百页的合作合同，促使买卖双方达成一致。因此，从这个角度上来说，并购顾问的工作又不是单纯的中间人。

当其中一方提出无理要求的时候，如果并购顾问将这种要求直接转达给另一方，那么交易很有可能告吹。在这种情况下，并购顾问需要说服自己的客户，引导其提出合理的要求。事实上，这个项目在进行的过程中就出现过许多次类似的情况。

因为住友制药方面没有单独聘用财务顾问，所以我们就必须在两者之间尽可能地保持公平的判断。我个人认为，我们在这一点上做得很不错。

需要制作的合同之一是股份购买合同。虽然只是由特定的投资者（住友制药）以私募的形式购买未上市的创业企业（赛特尔公司）的股票，但因为合同要符合美国的相关法律要求，所以需要设计股票结构（基本是拥有普通股转换权的优先股），还必须赋予拥有这些股份的股东针对赛特尔公司的特权，比如董事的任免权和了解公司机密信息的权利等，这些都需要在合同上体现出来。除此之外，如果赛特尔公司在其他市场（比如欧洲市场）增加了合作伙伴而需要发行更多的股票，那么住友制药有权要求保持自己现有的持股比率；在将来赛特尔公司上市时，如果住友制药想售出自己所持股票的话，有权要求赛特尔公司将办理公募手续所需的资料提交给美国证券交易委员会（SEC）等，有许多需要谈判的内容。

还有一个比较重要的合同就是关于住友制药拥有赛特尔公司产品在日本的独家销售权的合作合同。这部分需要谈判的内容包括授权费率、最低销售数量以及金额等。在逐一处理这些复杂谈判的过程中，我也逐渐熟悉了并购业务的流程，并积累了宝贵的工作经验。因此，这个项目给我留下了非常深刻的印象。

NEC 与 Packard Bell 合并个人电脑业务

个人电脑零售的变革期

经过纽约1年、东京3年的经理工作后，我升职为副总裁（请注意，这个职位只相当于日本的课长）。刚升职为副总裁的时候，我还在全球金融部，当时接的一个项目也给我留下了深刻的印象。那就是NEC（日本电气）与Packard Bell（帕卡德贝尔电子公司）合并个人电脑业务的项目。

高盛在这个项目中担任NEC方面的顾问。可能很多读者都对Packard Bell这个名字比较陌生，或许还会和Hewlett-Packard（惠普）以及AT&T（美国电话电报公司）旗下的Baby Bells（婴儿钟）混为一谈，但其实Packard Bell和这两家企业没有任何联系。Packard Bell的创始人贝尼·艾拉杰姆（Beny Alagem）很有可能是为了蹭名气而故意选择的这个名字。

艾拉杰姆是一名以色列籍的犹太人，靠开卡车勤工俭学才取得加州大学的学位。后来他通过批发个人电脑零件赚到了第一桶金，成立了专门生产和销售个人电脑的Packard Bells。当时（20世纪90年代初）正是个人电脑逐渐从面向企业的专业商品转变为面向普通家庭的大众消费品的时代。

艾拉杰姆决定顺应时代的潮流"赌"一把。既然最终目标是将个人电脑作为大众消费品廉价销售，那么与自己开创一个全新的品牌相比，不如直接利用现有的品牌。他将目光瞄准了Teledyne（特立丹）旗下的子公司Packard Bell。

Packard Bell成立于1930年，从20世纪30年代到40年代在美国是与摩托罗拉齐名的收音机制造商。摩托罗拉后来从生产家用收音机转型生产车载收音机而大获成功，并且进军无线通信领域，20世纪90年代以来发展成为手机生产巨头。但Packard Bell没能在收音机以外的领域取得突破，虽然1968年被Teledyne收购，但实际上处于停产状态。

艾拉杰姆打算利用Packard Bell这个品牌在家电商场里销售个人电脑，于是在1986年将Packard Bell公司整个买了下来。个人电脑这种商品，只要采购到CPU和内存等零件，然后委托给东南业等地的电子产品代工厂（EMS）组装生产就可以了，任何人都可以成立公司进行生产和销售。

艾拉杰姆就通过这种方法大批量地生产个人电脑，然后将商品摆到家电商场里廉价销售。对于当时50岁以上的美国消费者来说，Packard Bell这个品牌是他们小时候就听说过的，感觉很亲切；年轻的消费者则将其误以为是和AT&T的子公司Baby Bells有关联的品牌，也感觉很亲切。但实际上，当时AT&T也销售个人电脑，1991年收购NCR（安迅）的个人电脑业务后又以NCR的品牌销售个人电脑。

不过Packard Bell的辉煌并没有持续多久。个人电脑的主流零售渠道从实体店销售转变为成本更低的邮购。戴尔和捷威凭借这种销售方式大获成功，而Packard Bell则在戴尔和捷威的打压下一蹶不振，1995年为了生存下去而不得不和NEC合并全球个人电脑业务。以上就是这个项目的背景。

没有退路的谈判

1995年夏季的一天，我忽然接到NEC打来的电话。对方称自己是NEC法务文书部门的人。

"我们有一个很重要的项目想和你们谈谈，希望你们能尽快赶来。"

放下电话后，我立刻从位于东京赤坂的高盛东京分公司赶往位于港区三田的NEC总部。当我抵达的时候，NEC分管财务和法务的常务董事以及法务文书部门的负责人已经等候多时了。

我和这位常务董事是老相识了。对投资银行来说，NEC是非常重要的客户，因此我经常来拜访他，希望能得到一些关于并购或者资金筹集的工作项目。至于法务文书部门的负责人我只见过几次面，并没有深入的接触。

NEC方面的计划如下：

（1）由法务文书部门的负责人担任团队负责人，整合 NEC和Packard Bell的个人电脑业务。

（2）下周在洛杉矶郊外对详细的合同内容进行谈判。NEC方面希望高盛能够出任他们的顾问。

当时NEC的会长是被称为"财界要人"的关本忠弘，而Packard Bell的艾拉杰姆似乎非常善于讨好大人物。艾拉杰姆和关本会长之间已经就合作一事达成了共识。因此，高盛方面绝对不能给出"放弃""停止""退出"之类的建议，只能在非常不利的条件下与对方进行谈判。

与"寅次郎"的对决

当然，高盛绝不会临阵退缩。于是，我和NEC个人电脑事业部以及法务文书部的10余名精英一起前往位于美国加利福尼亚的卡尔弗城。

这个项目的谈判持续了大约一周。因为高盛旧金山分公司有一个专门负责高科技项目的团队，于是高盛旧金山分公司的负责人和这个团队也一起加入了我们。艾拉杰姆虽然外表看起来像寅次郎①一样给人一种和蔼可亲的感觉，但在谈判的时候却是个"硬骨头"，丝毫也不肯让步。他在谈判中最常说的一句话就是"Packard Bell和NEC将携起手来成为世界第一的个人电脑生产商！我和关本先生已经就此事达成共识"。

与之相对的，高盛方面却完全无法祭出"我们将放弃合作"或者"让我们再考虑一下"之类的撒手锏。

即便如此，我们还是坚持不懈地与对方进行谈判，在困难重重的情况下仍然提出了让双方都满意的条件。

卡尔弗城就在好莱坞旁边，我在那里逗留了一周，却根本没时间去好莱坞观光游玩，好不容易工作结束，我又马不停蹄地搭乘飞机赶往伦敦参加下一个项目。我后来从伦敦直接飞回了东京。现在回忆起来，我相当于在10天之内绕地球转了一圈。

当时，双方对合同条件都感觉比较满意，但合并后的公司却发展得并不顺利。

1999年，该公司退出日本市场，随后该公司在美国的业务也被清算。Packard Bell从NEC分离出来，然后被捷威收购。因为捷威又被中国台湾的宏碁收购，于是Packard Bell归于宏碁旗下。经过这一系列颠沛流离的经历之后，如今的Packard Bell早已没有了往昔的

---

① 寅次郎是日本著名的励志喜剧片《寅次郎的故事》里的主角，乐善好施，秉性率真。

辉煌。

　　NEC虽然还在日本国内继续经营个人电脑业务，但已经完全撤出了日本以外市场。从结果来说，这是我参与的项目之中感觉比较遗憾的一个。

葛兰素威康从新日本实业回购子公司股票

英国制药企业重组

在NEC与Packard Bell合并个人电脑业务项目差不多同一时期，还有一个给我留下深刻印象的项目。那就是英国大型制药企业葛兰素威康①通过从新日本实业回购日本子公司的股票，使其成为英国总公司的全资子公司的项目。高盛担任葛兰素威康方面的顾问。

在卡尔弗城将Packard Bell的项目基本搞定之后，我没有回东京，而是直接从洛杉矶前往伦敦。因为这个项目的启动会议就在葛兰素威康位于伦敦的总部召开。

---

① 葛兰素威康是英国大型制药企业葛兰素与威康在1995年合并而成的当时英国最大、世界第三的制药企业。后来，葛兰素威康又在2000年与英国大型制药企业史克必成合并成为葛兰素史克。

葛兰素威康的CEO理查德·赛克斯爵士出席了会议。他在1993年凭借自己在实业领域的杰出贡献而被授予爵士称号,准确地说应该是Knight Bachelor（下级勋位爵士）。虽然爵士并非世袭的贵族,相当于日本被授予瑞宝章①的人,但我毕竟是第一次与被尊称为爵士的人直接交流,心里非常紧张。

英国最早有5家大型制药企业,除了葛兰素和威康之外,还有史克、必成以及捷利康,史克与必成在1989年合并成为史克必成,捷利康则在1999年与瑞典的阿斯特拉合并成阿斯利康。英国原本的5家大型制药企业,通过连续合并发展到现在变成了两强相争的局面。

爵士的命令

葛兰素威康的前身之一葛兰素曾经在1953年的时候成立了日本法人公司,当时葛兰素与原厚生省的官员小西家创立的新日本实业进行了资本合作,新日本实业拥有日本葛兰素50%的股份。

对于当时不熟悉日本医药政策的英国制药企业来说,这样的合作方式给他们带来了非常大的帮助。但随着时代变化,外国企业在日本开展业务不再需要本地的合伙人。于是葛兰素想趁着与威康合并的契机,将日本法人公司变成自己的全资子公司。高盛出任这次

---

① 瑞宝章,日本于1888年开始制定的勋章,以在日本公共事务领域有功劳者、长年从事公务者以及功绩受到推举者为授予对象。

收购项目的顾问。

在与威康合并之前，葛兰素曾经委托高盛与新日本实业进行过同样的谈判但以失败告终。因此，我参与的这次是第二次尝试。葛兰素第一次提出回购股票正值日本葛兰素因为弄错了药品的治疗数据而遭到行政处分，业绩非常低迷的时期。不知道葛兰素是不是故意趁这个时候想要以低廉的价格回购日本葛兰素的股票，总之当时买卖双方对日本葛兰素的股票价格没能达成共识。

因为存在上述背景，所以我在开展这个项目的时候先要做的事情就是将理查德爵士的期待值控制在合理的范围之内。当时，日本大型制药企业的市盈率在25倍左右，接近日经平均股票的市盈率，而与日本葛兰素规模相当的日本准大型制药企业的市盈率竟然不可思议地高达30倍。这可能是因为市场对这些发展中的企业抱有更高的期待，但这个解释也不是很有说服力，所以在对日本葛兰素的股票价值进行评估时，应该以日本大型制药企业25倍的市盈率作为比较的基准。

将这个倍率乘以日本葛兰素当时的净利润水准，可以大致推算出日本葛兰素的股票价值（预计总市值）为1 500亿日元。当然，这只是一个虚构的数字。因为日本葛兰素并没有真正上市，所以其实际的股票价值应该低于这个数字。

但对葛兰素威康来说，现在日本葛兰素是他们和新日本实业共同出资成立的合资公司，如果葛兰素威康希望拥有绝对的控制权，就必须将其变成自己的全资子公司，也就是必须支付控股溢价。一般来说，控股溢价肯定比未上市导致股票价值需要打的折扣更高，所以最终双方能够达成共识的股票价值评估基准应该比1 500亿日元更高。

虽然这个数字比几年前葛兰素对日本葛兰素提出的收购价格高出一倍还多，但以当时的情况来看，这个数字是非常合理的。幸运的是，理查德爵士本身是生物化学领域的科学家，属于对合理的说明能够做出合理反应的管理者。因此，在听完我的解释之后，他很爽快地同意了。但他也提出了自己的要求："你说日本葛兰素的合理价值水准在1 500亿日元上下，这一点我理解了。但如果我直接给出这个价格的话，聘请你们这些顾问也就没意义了。因此，我希望你们能够努力将最终的成交价格再压低几百亿日元。"

不管怎样，这是爵士的命令。我只能老老实实地接受。

利用有偿减资与股息剥离等方法来实现目标

虽然谈判的大体方针已经确定了，但要想将最终的成交价格从合理的水准再压低几百亿日元可绝非易事。我和担任法律顾问的西村真田法律事务所（现在的西村朝日法律事务所）的律师以及担任会计顾问的普华永道的会计师和税务师反反复复进行了许多次讨论。最后，我们想出了有偿减资的方法。英国的母公司不出面，而是由发行股票的日本葛兰素从新日本实业回购剩下的50%股票。

这样做最终的结果仍然是英国的母公司成为拥有100%股票的

股东。但有一个问题，那就是新日本实业在售出股票之后可能需要缴纳高额的税金。关于这部分内容如果进行详细说明的话会涉及许多非常专业的内容，因此我就简单地给大家解释一下。新日本实业在日本葛兰素成立之初就是股东兼合伙人，而当时股票的账面价值只有50日元，如果新日本实业现在将股票卖给葛兰素威康的话，几乎所有的销售金额都是税前利润。

当时日本的企业所得税税率为37.5%，比现在高得多，要是再加上地方税等其他税金，那么实际的税率将达到50%。因此，如果日本葛兰素的股票价值为1 800亿日元（1 500亿日元加上30%的控股溢价再减去10%的未上市折扣）。那么，新日本实业卖出50%的股票的价值就是900亿日元，减去50%的税金，最终的收益只有450亿日元。

但是如果采取有偿减资的方法让股票的发行企业回购股票的话，那么股票的销售方则有可能不用缴纳税金，完全获取900亿日元的收益。也就是说，用国家的税金来弥补买卖双方对价值评估的差价。

虽然这是一个利用股息剥离制度的合法避税方法，但要想让其发挥作用，需要日本葛兰素在减资前的资产负债表上的绝大部分资产属于可分配利润，这就需要走很多非常复杂的程序。

另外，由于最后要由日本国税厅对税务申报表进行审查，关于这种方法究竟是否合法，最终的决定权在日本国税厅手里。因此，葛兰素威康方面无法对新日本实业方面做出任何保证。

真正的全球化项目

普通企业绝对不会对由政府做最终判断的税收补偿（tax indemnification）给出任何保证，这可以说是并购项目的常识。但毕竟这涉及几百亿日元的税金，所以新日本实业对此也表现出极大的兴趣。不过，因为葛兰素威康方面无法提供任何担保，所有的风险都需要由新日本实业方面承担。

但要想满足理查德爵士提出的"再压低几百亿日元"的要求，这是唯一的办法。新日本实业方面在和税务顾问仔细地研究之后，决定采用这个方法。最终双方达成一致，日本葛兰素以660亿日元的价格回购了新日本实业拥有的50%股票。660亿日元换算成100%股票价值的话是1 320亿日元，总算是满足了理查德爵士提出的要求。当然，这些数字都是虚构的。

在企业并购的项目中，一方提出的要求与另一方提出的要求之间存在两倍甚至三倍差异的情况十分常见。以这个项目为例，在日本葛兰素的股票价值为1 800亿日元的情况下，新日本实业可以要求对方用900亿日元来进行回购，葛兰素则可能考虑到合法避税的情况而只愿意给出450亿日元的价格。

如果双方对1 800亿日元这个合理的价值都存在分歧的话，那么最终双方愿意给出的价格还会出现更大的偏差。不过在这个项目中，因为葛兰素威康无法对合法避税给出任何保证，所以新日本实业不可能接受450亿日元这个价格，而全额支付900亿日元对葛兰素来说又没有任何好处。最后双方达成一致的价格是两者的平均值。

660亿日元说起来简单，但要是亲眼看到绝对是一个让人目瞪口呆的金额。我在银行办理转账手续的时候就被彻底震撼了。尽管摆在眼前的并不是现金，但光是转账支票上的那一长串0就非常壮观。

关于这个项目还有一点值得一提。新日本实业方面虽然没有聘请财务顾问，但担任他们法律顾问的是当时朝日法律事务所驻纽约的一位经验丰富的律师。朝日法律事务所的前身是桝田江尻法律事务所，后来与西村综合法律事务所合并，成为西村朝日法律事务所。

这位经验丰富的律师深受新日本实业的所有者小西家族的信赖，所以他不仅担当法律顾问，同时还肩负着财务顾问的职责，可以说是一位能力十分全面的多面手。

买方是总部位于英国伦敦的大型制药企业，卖方是日本企业，卖方的顾问是驻纽约的日本律师，所以在处理这个项目的时候我真的是24小时不间断地绕着地球飞行，这是一个真真正正的全球化项目。这个项目从最初在伦敦与理查德爵士召开启动会议开始到最终双方达成一致，大概经过了9个月的时间，堪称是一次马拉松式的谈判。

高盛的人事评价

成为并购部部长

　　我在转到高盛东京分公司的第三年，也就是入职正好四年的时候升任副总裁，在公司金融部处理并购和资金筹集的相关工作。有一天，担任东京分公司投资银行部部长的合伙人找到我，让我离开公司金融部出任东京分公司并购部的部长。这位合伙人就是我将在第六章介绍的那个在纽约用非常蹩脚的日语面试我的日本人。他在日本很有地位，虽然不姓岩崎，但也是三菱集团创始人家族的一员。

　　当时，东京分公司的公司金融部有二三十名正式员工（不包括秘书），而因为公司金融部做了一半并购的工作，所以并购部只有四五名正式员工，可以说是一个很小的部门。由于并购部的前任部长离职（准确地说应该是被解雇），于是我被指派为他的继任者。

我原本计划从商学院毕业后进入管理咨询公司就职，所以才在留学期间辞去了日产的工作。我是工科出身，与完全零基础的资金筹集相比，我感觉并购的工作更适合我。因此，我欣然接受了公司的安排，在入职第七年（1996年）的时候成为并购部的部长。

在成为并购部部长之后，我不但将全部的工作时间都投入到了并购顾问的工作之中，同时也要承担东京分公司投资银行部门并购顾问事业的收益责任。在担任副总裁的时候，我并不需要承担任何收益责任，而成为部长之后则需要思考每年的部门预算，并以此为基础进行工作安排，这使我感受到前所未有的压力。

"你不主动共享信息而且喜欢搞政治斗争"

在这里，我想先介绍一下高盛的人事评价制度。高盛的人事评价制度是一个从 360° 全方位进行评价的系统，似乎现在日本的许多企业也都采用了这种人事评价制度。投资银行部门每年7月份的时候都会收到厚厚的一摞评价表格。

每一位员工都可以选择几名过去一年间自己接触过的同事，将自己对他的评价和分数写在这张A4大小的评价表上。评价表上有10个左右的问题，大概涵盖以下5个方面：

① 专业知识是否丰富；

② 是否能够赢得客户的信赖；

③ 是否能够赢得同事和部下的信赖；

④ 是否能够积极地在团队内部共享信息；

⑤ 是否喜欢搞办公室政治。

除了评分之外，评价者还可以将自己对这名同事提出的建设性意见（constructive criticism）简短地写在备注栏里。

投资银行部门的评价表格十分详细，写评价表格也需要花费不少的时间，但其他部门因为拥有完全不同的部门文化，所以评价表格也有巨大的差异。比如债券部和股票部的评价表格就只有三个选项：

"NG"（Not Good，不好）；

"Acceptable"（合格）；

"Super"（优秀）。

评价者只需要在这三个选项上画圈即可。我刚入职的时候，是将评价内容写在纸上，然后委托文字处理公司将纸上的内容加工成电子文档，但从20世纪90年代后半段起就改成评价者登录专门的网页直接输入信息的方式了。

高盛规定评价者在写评价之前必须通知被评价人，也就是说每个人都知道究竟是哪些人评价了自己。如果自己觉得不想被某人评价，或者认为对方可能会恶语中伤自己的话，只要有合适的理由就可以提出反对意见。当然，在绝大多数情况下，反对意见都是无效的。

或者也可以采取报复措施，那就是告诉对方自己也会评价他。

这样一来，每个人每年要写20～30份评价。写一份评价需要20分钟左右，20份就需要6个多小时，这也算是一项非常辛苦的工作。写好的评价会被送到一个专门的统计机构，该机构会针对每个被评价者计算出他们的平均分以及主要意见，并整理出一份总结报告，然后将这份总结报告送到部长的手里。至于谁写了什么评价意见则严格保密。

但由于东京分公司的员工数量并不多，所以有时候从评价内容上就能大致猜出是谁写的，当然原则上来说这个信息绝对保密。部长在年末核算奖金的时候就会将这份总结报告拿出来，根据上面的内容与部下进行一对一交流。

有一次部长在和我单独交流的时候这样对我说道："在评价你的20个人中，有八成的人认为你虽然能力优秀，但不愿主动共享信息，而且喜欢搞政治斗争。"

这还真是很辛辣的评价。

团队合作的重要性

每一个企业都有自己独特的文化和氛围。我认为这种文化和氛围并不是自然形成的，而是企业的管理者有意识地创建出来的。人类如果长时间归属于某一个组织，就会希望得到组织成员认同。所以，人会尽最大的努力使自己成为能够得到组织成员认同的人。

如果一个公司总是对那些为了获利不惜排挤和贬低他人的员工

给予褒奖和表扬，那么这个公司自然就会形成一种员工之间互相排挤和算计的企业文化。

如果一个员工虽然业绩优秀，但在部下和同事的眼中是一个"缺乏团队合作意识""独占信息不愿共享"的人，结果因此遭到上司的严厉批评，那么这个人就会自觉地改变自己的工作方法，增强团队合作。久而久之，这个组织中就会形成重视团队合作的企业文化。

由此可见，企业文化是由企业的运营方针和人事评价制度决定的。从这个意义上来说，上市之前的高盛一直维持着重视团队合作的企业文化，在投资银行之中也算是个异类了。

高盛的员工在用到第一人称的时候很少说"I"（我），而是说"We"（我们）。其他投资银行的员工在客户面前说"我"的时候一般都是用"I"，而高盛则用"We"。从这一点上也能体现出高盛重视团队合作的企业文化。

企业文化的成因

当然，如果一个人没有任何业绩，那么不管他和其他同事之间的关系搞得多么好，上司对他的评价多么高，也没办法在公司里生存下去。

对于高盛的员工来说，拥有优秀的工作能力并且能够为公司创造利润，是留在高盛继续工作下去的前提条件。如果一个人升职为管理层，那么他在此基础上就要具备团队合作的能力。

但高盛的这个优良传统，却在1999年股票上市之后极短的时间内就发生了改变。股票上市为什么能够改变企业文化呢？或许大家都很难理解。其实原因非常简单。因为在高盛上市之前的合伙人时代，所有的高层管理者（合伙人）都是从经理一步一步升上来的。

在成为高盛的合伙人之后，合伙人只需要根据个人的财务状况往公司里投入一些资金，就能够拥有至少获得公司税前收益0.15%的权利。但从其他投资银行跳槽来的人则不可能享受到这种待遇。

不管你在其他投资银行取得了多么优秀的成绩，跳槽到高盛最多只能成为副总裁。我在前文中提到过，高盛的职位只有分析师、经理、副总裁和合伙人这四种。其他投资银行的职位系统则要比高盛复杂得多，在副总裁之上还有董事和高级董事，就连相当于合伙人的董事总经理（Managing Director）也没有股份。因此，在其他投资银行之中，董事总经理的人数差不多是高盛合伙人数量的三倍。

在这种情况下，就算高盛想要招募其他投资银行的董事总经理，对方也不可能接受副总裁这个比董事总经理低三级的职位，而"1年后就选你做合伙人"之类的保证听起来更像是一张空头支票。在高盛上市之前的1998年，其合伙人总数也只有200名左右。高盛每2年选举一次合伙人，新选出的合伙人数量只有20～30名。因此，成为高盛合伙人的门槛极高。新的合伙人由当时所有在职的高级合伙人选举产生，只有少数几个高级合伙人给出的承诺根本无法保证成功当选。

因此在合伙人时期，只有从入职起就在高盛的企业文化之中耳濡目染地成长起来的优秀人才，才能够成为高盛的高层管理者。

作为"人质"的薪水

高盛在上市之后，合伙人的职位也随之消失，取而代之的是两种董事总经理，分别是EMD和PMD：EMD指的是Extended MD，也就是扩充的董事总经理；PMD则是合伙人董事总经理。PMD相当于原来的合伙人，而EMD则意味着高盛上市后扩充的董事总经理。准确地说，高盛早在上市两年前就已经开始试验性地导入EMD和PMD了。EMD每年选举一次，而PMD还是和之前一样每两年选举一次。

但上市后就算成为PMD，也分不到高盛的股份。PMD与传统的合伙人之间唯一的相似之处就是都拥有一个相当于副总裁办公室2.5倍面积那么大的宽敞办公空间。

虽然成为PMD后工资会增加不少，但和前文中提到的那些能够直接拿到高盛股份的合伙人还是完全没法比。当然，从日本社会的角度来看，美国大型投资银行的工资几乎是一个天文数字。即便对于当时的美国社会来说，那也不是一个小数目。

高盛在上市之后选出了许多董事总经理，这样一来从竞争对手处挖角优秀人才就变得更加容易了。毕竟高盛现在可以轻松地给对方提供一个董事总经理的职位。上市之后，高盛还可以用公司的股票作为报酬的一部分奖励给表现优秀的员工。也就是说，如果有优秀的人才愿意跳槽过来，高盛可以用股票作为跳槽奖励。因此在高盛上市之后，一下子就有许多竞争对手公司的董事总经理来到高盛。但这些人并不了解高盛独特的企业文化。投资银行业界的竞争十分激烈，当那些在其他的投资银行中凭借"弱肉强食"的凶狠手段取得成功的"嗜血猛兽"进入高盛之后，高盛的传统企业文化很快就崩塌了，这就是"劣币驱逐良币"带来的必然结果。

高盛上市后，董事总经理级别的员工每年的年薪中有20%~30%是股票和期权。后来，股票和期权在年薪之中的占比越来越高，而且这部分的报酬并不是直接全部给予员工，需要经历5年左右分5次发完。这样一来，员工就每年都有相当于自己年薪几十个百分点的报酬以股份的形式被押在公司那边。

员工虽然对这部分股份拥有所属权，但没有交易权。也就是说，以这种方式领取报酬的员工，就相当于将自己过去的一部分报酬押在公司手里作为"人质"。除了退休等合理离职之外，一旦员工跳槽到竞争对手那里，那么这些被作为"人质"的报酬将全部被公司收回。这相当于一种企业防止自己的优秀员工被竞争对手"挖墙脚"的保护机制。

5年"生存率"为50%

正如我在第一章中提到过的那样，高盛各个部门的人事管理非常独立。比如投资银行部门的人事工作基本完全由投资银行部门内部决定。只有在选举合伙人的时候，是由当时在职的几十名高级合伙人来进行评选，这大概是唯一的全公司范围的人事活动。因此，要想用具体的数字来表现投资银行部门内的人事流动情况非常困难。

不过我想到了一个可以间接表现出部门内人事流动情况的方法，那就是在入职第五年的时候，将自己过去5年间一起合作过的所有同事的姓名都写下来，然后看看其中有多少人仍然在职。经过这样的计算后，我发现正式员工的5年"生存率"大约为50%。

不同部门的"生存率"可能各不相同。但仅针对投资银行部门来说，这个数字是比较准确的。但这个数字是将所有职位都包括在内的平均值，如果从个人的角度来说，已经工作5年以上的优秀员工今后的5年"生存率"肯定要比刚入职的新员工的5年"生存率"更高。

投资银行的工作非常辛苦，特别是经理和年轻的副总裁，每年的工作时间基本都在4 000～5 000小时。一般来说，在投资银行工作5～10年积累了一定的业绩和经验并且也赚了不少钱之后，不少人都会主动跳槽到其他行业（比如并购基金的买方）。

作为并购基金的买方，既可以受雇于投资银行为其工作，也可以从民间筹集资金赚取成功报酬，就算投资失败也一样能获得一定数额的手续费。虽然收入比在投资银行里工作稍微少一点，但也算高薪职业，所以这份工作的受欢迎程度仅次于投资银行。这也是导致投资银行里的员工5年"生存率"不高的原因之一。因此，我觉得平均5年的"生存率"为50%这个数字还是比较准确的。

我曾经和20多岁就入职高盛担任经理的美国年轻人聊过，他们完全无法想象自己五六十岁的时候还会在同一家公司里工作。对他们来说，在投资银行工作的这5~10年（也有极少数人会工作更长的时间），就是拼命努力工作的人生阶段，而过了这个阶段之后人生还会继续，自然需要换一个职场来继续拼搏。

完全符合我人生观和企业观的职场

这种情况不只出现在金融行业，美国企业中一定级别以上的管理者都有同样的想法。这一点与奉行终身雇佣制的日本企业完全不同，可以说是非常具有美国特色。能够在人生中的一个阶段，通过高压力、快节奏的工作在短时间内极大地提高自己的能力，我觉得是一件非常幸运的事情。

我从大学毕业入职日产汽车的时候就曾经这样想过。

"虽然公司并不是我的敌人，但同样也不是我的朋友，如果我不提出要求，公司绝不会主动为我做任何事情。"

"如果想让公司满足自己的要求，那么就必须让自己和公司处于平等的地位，坚持不懈地与公司进行较量，并且在较量中获胜。"

我在辞去日产工作的时候则是这样想的。

"自己的人生要自己承担风险，用自己的双手去开拓前进的道路。"

"在人生的下半场，一定要能够自己决定自己的位置。"

"绝对不能让公司单方面地决定自己的位置。"

可以说投资银行的职场完全符合我的人生观和企业观。

我认为，一个人在20多岁的时候应该尽可能多地学习知识和技能，思考自己将来应该凭借什么能力在社会上"出人头地"。从这个意义上来说，商学院为我提供了一个实现上述目标的绝佳机会。

在30多岁的时候，一个人则应该利用自己学到的知识和技能，在最能够发挥自己才华的职场之中积累经验和业绩。高盛为我提供了一个最为合适的平台。

到了40多岁的时候，一个人凭借自己取得的业绩在行业内拥有相应的地位，应该尽可能多地为社会做出贡献。我在入职第9年、高盛上市之前成为EMD（很遗憾没成为PMD），大概相当于日本公司中的部长和执行董事之间的职位。我作为东京分公司投资银行部门的并购顾问参与了许多大型项目。那之后的几年是我人生中度过的最充实的阶段。不过正如我已经提到过的那样，本书为了营造出临场感而尽可能列出了具体的数字，但这些数字并非完全准确，只是为了帮助读者朋友们理解项目内容所做的参考，希望大家一定不要误会了这一点。

第三章
日本的超大型
并购时代（上）

NTT DOCOMO 的 PHS 业务重组

"99" 项目

我自从1996年成为并购部部长之后，就将全部精力都放在了并购的相关工作上。东京分公司的并购部门是一个只有几名成员的小团队，但因为工作项目越来越多，所以我们经常需要找公司金融部门的同事来帮助我们完成项目。在这一时期我负责的项目中有一个给我留下了非常深刻的印象，那就是NTT DOCOMO（日本电报电话都科摩公司）收购NTT（日本电报电话公司）集团旗下PHS[①]子公司NTT Personal（NTT个人通信）的项目。

---

① PHS是Personal Handy-phone System（个人手持电话系统）的缩写。

NTT Personal在日本9个地区（北海道、东北、关东、东海、关西、北陆、中国、四国、九州）都有独立的公司，比如在关东地区的公司叫作NTT中央个人通信网株式会社，这些公司被同样在日本9个地区拥有独立公司的NTT DOCOMO收购。准确地说，这是一个9家公司对9家公司的收购项目，因此这个项目的名称被定为"99"。

PHS是一项基于新通信标准的移动通信服务，优势是比手机的费用更低。日本的移动通信服务从1985年的1G（模拟制式技术）通信系统开始，主要应用于车载通信。寻呼机也在这个时期得到了普及。

1992年，NTT DOCOMO从NTT集团独立出来，日本的手机业务从此得到了飞速的发展，到了20世纪90年代中期，基于第二代数字通信方式PDC（Personal Digital Cellular，个人数字蜂窝，NTT集团独自研发的2G移动电话通信标准）的小型终端服务开始普及。2001年，第三代移动多媒体通信系统登场，最具有代表性的就是国际电联推出的W–CDMA。

随着通信系统不断进步，移动电话的费用也水涨船高。到20世纪90年代末期，一个最普通的手机套餐资费仅语音通话部分就超出5 000日元。为了给语音通话数量较少的消费者提供更加廉价的移动通信服务，NTT DOCOMO计划推出一个完全不同的通信标准。

那就是PHS。这种通信标准虽然也算是移动通信，但基本上只能在室内使用，一旦来到室外，信号强度就只有正常手机的五十分之一甚至一百分之一，完全无法在高速移动时使用，而且PHS的基站采取的是微蜂窝技术，最大只能覆盖半径500米的范围，所以信号覆盖率不高，在郊外更是完全没有信号。但其优势在于终端和基站价格与手机相比低得多，资费能够设定得很便宜。

1995年PHS服务刚推出的时候，很多人都认为这是能够与手机平分秋色的一项业务，但事实证明消费者对这种信号极不稳定的通信标准并不买账，到了1998年3月，NTT集团旗下的9家NTT Personal公司累计亏损高达2 000亿日元（注：这是虚构的数字），集团不得不对其进行清算。

但这9家公司都是从总务省（当时还叫邮政省）取得了营业执照的企业单位，就这么清算的话未免太伤行政单位的面子，今后NTT集团再想申请其他业务的营业执照恐怕会遇到困难。因此，NTT集团决定由NTT DOCOMO出面接收NTT Personal。高盛则担任NTT DOCOMO的9家公司与NTT Personal的9家公司进行经营统合的财务顾问。

除了NTT集团之外，日本国内还有两个集团提供PHS业务。分别是DDI（日本第二电信公司）集团旗下的DDI Pocket（DDI口袋）以及Astel集团（日本电信公司和东京通信网公司的联营企业）。DDI Pocket虽然在2004年被美国凯雷投资集团收购，但在2009年事实破产，接受了软银集团的资金援助。Astel集团也在2000年之后陆续停止服务，最终进行了清算。

《法人税法基本通告9-4-1》

这个项目最难解决的问题就是税金问题。由于NTT DOCOMO计划于1998年10月上市，因此NTT集团不可能将NTT Personal的亏损算在NTT DOCOMO的头上，只能自己来承担这2 000亿日元的亏损，然后将已经没有亏损的NTT Personal和大约300万名用户一起转交给NTT DOCOMO。

当时NTT集团的本地、国内长途以及国际长途等业务还没有拆分为独立的股份公司，也就是说这些公司与NTT集团之间仍然是子公司和母公司的关系。NTT集团希望能够将2 000亿日元的亏损以"子公司支援损"的名义算在自己的税务报表上。这样一来NTT集团在支付税金的时候就可以少支付这2 000亿日元亏损的部分，但实际操作起来却没那么简单。

自从泡沫经济崩溃之后，母公司因为子公司经营不善而承担其损失然后将子公司的业务转交给第三方的情况时有发生。但在日本国税厅看来，这种由母公司承担子公司亏损并且将其算作自己亏损的做法很容易导致偷税漏税。为了避免出现偷税漏税的情况，日本国税厅发布了《法人税法基本通告9-4-1》，对将"子公司支援损"算入自身亏损的行为做出了一些限制。

根据这项通告，母公司要想将子公司支援损计算为自己的亏损，必须满足以下条件：

"公司因子公司解散或经营权转让而承担该子公司债务及其他损失或放弃债权时，必须在社会观念上明确如果不承担该损失将可能导致未来出现更大的损失，当有充分的理由能够证明这一点时……"

通告本身既不是法律也没有得到国会的认可，只是税务部门擅自制定并且可以随意更改的规定。尽管从我个人的角度来说，对税务部门这样的做法是否合适存在巨大的疑问，毕竟企业所得税是关系到国计民生的大事，但身为财务顾问我并没有时间去思考这个问题。我需要思考的只是如何让这个项目尽可能符合上述通告的规定。

拘泥于通告规定的日本国税厅

如果没有特殊的规定，那么这个项目只需要NTT集团先向NTT Personal增资，紧接着立即减资，利用减资收益来消除亏损，再让NTT Personal和NTT DOCOMO合并就可以了。这样一来，NTT Personal的亏损就变成了NTT集团的减资亏损，而NTT DOCOMO在接收NTT Personal业务的同时也全部继承了其拥有的一切权利和义务，这个手续办理起来非常简单。

所谓全部继承，指的是非存续企业（因合并等而消失的企业）与第三方签订的一切合约等，都在合并的同时自动由存续企业继承。在这个项目之中需要讨论的就是上述方法是否符合通告的规定。

日本国税厅通告的关键在于"子公司解散或经营权转让"以及"可能导致未来出现更大的损失"这两个部分。关于第二点，因为NTT Personal业务确实存在赤字，而且累计出现了巨额亏损，如果继续这样下去NTT集团必将遭受更大的损失，所以这部分是符合要求的。问题在于第一点，对NTT集团来说，NTT Personal是自己的全资子公司；因为NTT DOCOMO当时还没上市，所以是NTT集团拥有90%以上股票的子公司。也就是说，将NTT Personal的业务转让给NTT DOCOMO，属于同集团内部转让，这不符合"经营权转让"的规定。关于这一点必须再进行更加深入的探讨。

日本国税厅认为集团内部的经营权转让很容易出现偷税漏税行为，所以才规定必须将经营权转让给第三者。但对于这个项目来说，NTT集团是已经上市的企业，NTT DOCOMO是计划在几个月之后就上市的企业，说它们之间是母公司和子公司的关系并不准确。

在这种情况下，即便两家企业同属于一个集团，也符合独立交易原则，因此看作是"经营权转让"应该也没问题。但日本国税厅却拘泥于自己擅自公布的通告规定，根本不考虑实际情况，更不会有任何灵活的变通。

毫无意义的手续

于是我们只能想另外的办法，那就是宣布"解散"。一开始我们认为，只要将NTT Personal作为非存续企业、NTT DOCOMO作为存续企业进行合并，那么NTT Personal就会消失，也就相当于"解散"。尽管日本国税厅对此并没有发表明确的意见，但我们经过多方渠道确认后发现，合并导致的消失和"解散"并不一样。

解散，指的是企业以股东大会的解散决议为基础进行解散登记，然后对债权债务关系进行清算，再经由股东大会承认后进行清算手续。合并导致的企业消失在法律概念上和解散完全不同，所以合并之后就算NTT Personal消失，也不符合《法人税法基本通告9-4-1》所规定的条件。

这就比较难办了。在解决NTT Personal亏损的问题上，如果增资和减资的方法行不通，还可以采取由NTT集团代为偿还NTT Personal的债务，然后放弃对NTT Personal的求偿权等其他方法。但如果NTT Personal必须解散清算的话，那么要想将NTT Personal的业务转交给NTT DOCOMO，就只能采取业务转让这唯一的方法。NTT Personal将所有的业务都转让给NTT DOCOMO之后才能进行解散清算。业务转让需要签订合同，列举出特定的权利和义务，双方就像交易商品那样将业务进行转让。

不过这种方法也有好处，那就是转让的权利和义务有特定的范围，在转让后万一出现过去的客户对商品和服务进行投诉的情况，其投诉的对象只能是原企业，被转让企业对原企业提供的商品和服务存在的问题不承担任何责任，只对业务转让后自己提供的商品和服务承担责任。如果是合并的话，因为存续企业全部继承了非存续企业拥有的一切权利和义务，所以也需要承担全部的责任。

此外，原企业之前与顾客、供货商、销售代理等一切相关单位和个人之间签订的合同在原企业消失后自动失效，被转让企业需要与上述相关单位和个人之间重新签订合同。

NTT Personal业务在当时还有大约300万名用户。为了将这些用户全都转移到NTT DOCOMO，需要这300万人全部同意才行。这听起来是个不可能完成的任务，但仔细想一想就会发现，NTT DOCOMO根本没必要将这些用户全部转移过来。即便在这300万人中有100万人拒绝转移到NTT DOCOMO，他们也只能要求NTT Personal继续提供服务，但NTT Personal在解散清算后服务也将停止，而且NTT DOCOMO在业务转移过来之后也计划逐渐停止提供NTT Personal原来提供的服务，所以用户转移对NTT DOCOMO来说并不是什么难以应对的问题。

麻烦在于NTT Personal和金融机构之间签订的自动扣款合同。这300万名用户使用的自动扣款账户分散在各家不同金融机构的大约600个营业点。NTT Personal与每个金融机构都签订了每月一次自动扣款的合同。在业务转让之后，自动扣款的金额就不再转到NTT Personal的账户上而是应该转到NTT DOCOMO的账户上。这部分的合同非常重要，在业务转让的同时NTT DOCOMO必须与600多个不同金融机构的营业点都签订同意继承扣款转账的合同。

为了办理这些实际上毫无意义的手续，我们花费了巨大的时间和精力。对于这个项目来说，不管是业务转让还是企业合并，在事实上都符合通告提出的基本要求，但日本国税厅却死咬着自己规定的那几行字不放，不肯做出任何让步和变通。类似这样因为日本政府部门的不作为行为给工作带来巨大麻烦的情况我还经历过很多。

日本的许多民营企业都非常优秀，在国际上也很有竞争力。但自从我从事这行之后，我越发深刻地认识到，日本政府部门设置的种种限制严重阻碍了日本的发展。

升职为EMD

抱怨归抱怨，工作还是要做。在NTT DOCOMO于东京证券交易所第一部上市的两个月后，也就是1998年12月，NTT Personal的9家公司将业务转让给NTT DOCOMO的9家公司的手续终于全部办理完毕。我也在这一年升职为EMD，刚好是我入职高盛的第9年。当时高盛虽然还是合伙人制度，但为了给1999年在纽约证券交易所上市做准备而将合伙人分为EMD和PMD两个等级。

EMD是新设置的职位，因为并不是传统意义上的合伙人，所以没有收益分配权。从这个意义上来说，EMD似乎和副总裁之间并没有什么差异，唯一的差异是在公司内部的办公室的面积相当于副总裁办公室的2.5倍，也就是和合伙人办公室一样大。EMD的 "E" 正如前文中提到过的那样是Extended（扩充）的意思。不过在公司里，PMD是真正的合伙人，与其他员工之间的关系属于雇主与雇员的关系，而EMD也属于被雇用的员工，所以又被称为Employed MD（被雇用的合伙人）。

　　但不管怎么说，升职总不是件坏事。况且我本人对职位高低并不在意，更关心的是能够拿到手多少工资。不过现在回过头来再看，最让我感到欣慰的是我在那几年有幸参与了许多大型并购项目，并且赢得了客户的好评。能够在一定程度上为客户乃至整个世界做出一定的贡献，实在是一件非常令人自豪的事情。

DDI、IDO、KDD 三家企业合并

实现日本全国漫游

前文中介绍的NTT DOCOMO的项目，是因为高盛刚好担任NTT DOCOMO股票上市的主承销商，所以顺理成章接到了这个项目。当时日本的通信行业正迎来一股合并浪潮。其中有一个我积极争取并最终促成的项目，就是DDI、日本移动通信（IDO）、国际电信电话（KDD）这三家企业合并。这个项目于1999年12月正式公布，但这3家企业直到2000年10月才完成合并。

这个项目也让日本移动通信营业执照中存在的行政问题第一次浮上水面。日本的移动通信行业自从1994年导入终端自由购买制度之后，初期加入费用大幅降低，使得手机迅速得到了普及。当时正值2G（数字通信技术）兴起，截止到1995年3月末日本还只有430

万名手机用户，而到了1996年3月末，这个数字就变成了1 170万，
1997年3月末更是激增到2 690万。

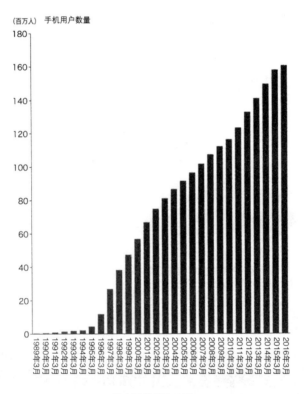

日本手机用户人数

但当时的日本邮政省在向移动通信运营商提供营业执照的时
候，将日本分为北海道、东北、关东、东海、关西、北陆、中国、
四国、九州9个区域，分别发放营业执照。直到现在各电视台仍然
采用的是这种播放许可方式。根据日本总务省（当时叫邮政省）

的说法，这样做"有利于为当地提供更符合当地需求的服务"，但在我看来，这样做无非就是让政府能够发号施令的对象变得更多而已。

对电视台来说，确实应该播放当地的新闻以及当地产品的广告。也就是说，政府针对电视台采取这样的方式多少还有那么一点意义。但移动通信服务，顾名思义，提供的是移动中的通信服务，一个住在东京的手机用户不可能只在东京使用手机，他在去关西出差或者去北海道旅行的时候都要用手机。因此与电视台相比，政府按地区分割移动通信运营商是毫无意义的做法。即便如此，日本政府仍然按地区向移动通信运营商提供营业执照，导致日本出现了许多家移动通信公司。

不过NTT集团算是个特例，NTT集团原本就在日本9个地区都拥有子公司，其中关东甲信地区的NTT中央移动通信网拥有其他各地区NTT移动通信网50%以上的股票，因此很快就在日本建立起了纵横交错的通信网络。

当然，要想让东京的手机用户在关西和北海道也能和平时一样使用手机，只需要东京的移动通信公司和关西以及北海道的移动通信公司展开业务合作，让各自的用户都能够在其他地区也接收到信号（也就是所谓的漫游）即可。这属于技术层面上的问题，即便各企业相互之间没有资本关系也能够实现。

但各企业之间要想接纳对方的用户，这些企业就必须都采用相同的通信方式以及使用相同的频段。以NTT集团为例，NTT集团在全国的9家公司全都采用的是NTT集团独自研发的2G移动电话通信标准——数字通信（PDC）方式，频段使用的都是800MHz的电波，所以对日本漫游毫无影响。但NTT集团以外的其他移动通信运营商可就没那么幸运了。

陷入苦战的追赶者们

在1985年以前，日本的移动通信行业处于由NTT集团垄断的状态，但1985年之后日本的移动通信行业自由化，因此出现了许多家获得移动通信营业执照的企业。其中最先得到营业执照的是由稻盛和夫担任名誉会长的DDI旗下的8家公司（Cellular集团）以及丰田汽车成立的IDO。

从1988年开始，IDO就在东京和东海地区提供1G的车载电话通信服务，除此之外的7个地区以及冲绳地区都由DDI集团旗下的公司提供服务。这两个集团共享了800MHz频段的使用权，但如果它们不能通过合作实现日本漫游的话，就难以和NTT集团相抗衡。因此，这两个集团很早就在一定程度上展开了合作。

它们在1G时代采用的都是美国摩托罗拉的MicroTAC方式（个人蜂窝电话，被称为JTACS），2G时代采用的都是NTT集团的PDC方式。准确地说，IDO在1G时代最初采用的是NTT集团的HiCAP方式，但后来为了和DDI集团实现漫游而更换为JTACS。也有人说，IDO之所以更换是因为受到来自摩托罗拉公司的压力，总之内情比较复杂。

　　日本移动通信行业的第三股势力则是1991年才从日本邮政省获得1.5GHz频段使用权，最初就以PDC提供服务的两个集团。一个是由JR（日本铁路）集团下属长途电话服务公司日本电信（Japan Telecom）成立的Digital Phone（数字电话）集团，另一个是日产汽车旗下的Tu-Ka Phone（途卡电话）集团。

　　不知为何，日本电信对Digital Phone集团的出资只有30%～40%，并没有超过半数，先只在关东、东海以及关西三个地区开展业务。DDI集团因为东京和东海这两个地区的营业执照被IDO抢去了，因此提出在这两个地区与Tu-Ka Phone集团合作，以日

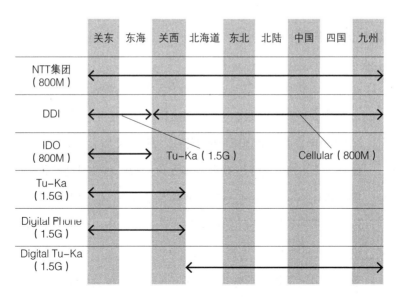

20世纪90年代末日本的移动通信运营商

产和DDI作为主要股东成立公司开展业务，而Tu-Ka Phone集团在关西的公司则只有日产这唯一的大股东（没有DDI）。

这两个集团成立时间晚，缺乏竞争力，更惨的是只分到了1.5GHz的频段，与800MHz的频段相比，这个频段的信号覆盖范围小、穿透性差，还容易受到阴雨天气的影响。

800MHz频段已经被NTT DOCOMO、DDI和IDO瓜分完毕，新加入的运营商受技术所限无法再分到这一频段，因此经营面临着不利的局面。Digital Phone和Tu-Ka Phone在关东、东海、关西以外的6个地区都只能以合作的方式共同开展业务。因此，在北海道和九州等地我们能看到名字叫作Digital Tu-Ka的公司。

成为DDI的顾问

在这样的状况下，DDI、IDO以及KDD在1999年12月宣布合并，成为现在的KDDI集团。高盛在这次合并中担任的是DDI的顾问。DDI和IDO合并是顺理成章的事情，为什么又加上了KDD呢？

原来，丰田汽车为了实现业务多元化而积极地投资电子通信行业，除了IDO之外还在长途通话领域进行了投资。因此丰田不仅是IDO最大的股东，同时还是KDD的第二大股东，所以丰田希望能够借此机会将IDO和KDD组合到一起。

那么丰田汽车投资长途通话业务，又怎么会成为KDD的第二大股东呢？这就有点说来话长了。原本日本的电话业务不管是长途通话还是本地通话都是NTT集团垄断，而国际通话业务则由KDD垄断。但在中曾根内阁推出的行政改革和放宽限制的浪潮中，日本国内的长途通话业务不再由NTT集团垄断，政府又给三家新企业发放了营业执照。

第一家是JR集团于1984年成立的日本电信，通过在JR纵横日本的铁路网络上铺设光缆来提供长途通话服务。

第二家是由稻盛名誉会长于1985年成立的DDI。DDI不像JR那样拥有能够在全国范围内铺设光缆网络的特殊资产，因此只在三大城市圈铺设了专用线路，而在其他地区则修建铁塔依靠微波通信来提供长途通话服务。

第三家是丰田汽车和日本道路公团于1984年成立的日本高速通信（TWJ），通过在日本的高速公路网络上铺设光缆来提供长途通话服务。

但这样一来，包括NTT集团在内，日本国内就有四家企业在长途通话领域进行竞争，过度竞争必然导致收益下降。NTT集团、DDI以及日本电信因为移动通信业务成长显著，所以能够在一定程度上承受长途通话业务造成的亏损，而TWJ则没有其他的盈利点，再加上进入市场最晚，导致很难继续生存下去。

于是在1997年的时候，TWJ宣布与KDD合并。合并之后的新公司最大的股东是原来KDD的最大股东日本邮政省共济组合（9.2%），而第二大股东就是丰田汽车（8.4%）。顺便说一句，垄断日本国际通话业务的KDD的最大股东竟然是日本邮政省共济组合

（日本邮政省员工组成的组织），日本的行政机构真的是让人难以理解。但这个问题并非本书的主题，在这里我就不深究了。

急速上涨的KDD股价

正如前文中介绍过的那样，日本的国际通话业务最初是由KDD垄断的，但从1989年开始日本政府放松了限制，日本国际通信（ITJ）以及国际数字通信（IDC）相继进入这一领域，使得这一领域的竞争变得激烈起来。ITJ的主要股东为三菱商事、三井物产、松下电产等，IDC的主要股东为伊藤忠商事、丰田汽车以及英国大东电报公司（C&W）。

不过KDD作为老牌企业，在国际通话领域仍然拥有很强的影响力，所以在竞争中处于优势地位。直到NTT集团宣布将在1999年拆分为本地通话和国内长途两部分，其中负责长途通话业务的子公司NTT Communications（NTT通信）也将参与国际通话业务的竞争。

因此，当TWJ和KDD在1997年宣布合并的时候，虽然说不上是KDD与TWJ两个弱者联合，但市场对其前景似乎也充满了不安。果然不出所料，当NTT Communications于1999年进军国际通话业务之后立刻占据了大量市场份额，使得KDD与TWJ的合并公司的业绩大幅恶化。在国际通话业务重组的大潮之中，ITJ于1997年被日本电信吸收合并，NTT集团和C&W则围绕IDC展开了激烈的争夺，最终IDC被C&W收购。在国际通话业务领域的3家企业之中有2家都被收购，市场普遍认为下一个被收购的就是KDD，这导致KDD的股价暴涨。

1999年初，KDD的股价只有3 600日元，而到了DDI、IDO、KDD三家企业宣布合并的12月，KDD的股价上涨超过4倍达到16 000日元。虽然当时正是互联网泡沫最严重的时期，日经平均股价也从13 000日元飙升到19 000日元，上涨了接近50%。但同时期NTT集团的股价只上涨了两倍，由此可见KDD的股价涨得有多离谱。1999年3月期KDD的年度报告业绩与前年同期相比下滑了75%，2000年3月期的年度报告业绩预计只有小幅改善。也就是说，KDD的业绩与股价的走势完全相反。

综上所述，为了与NTT集团抗衡，DDI与IDO通过合并组成一个能够在全国范围内提供800MHz移动通信业务的公司是最好的选择，之所以又加上KDD变成了三家企业合并完全是为了满足丰田汽车提出的要求。但从结果上来说，DDI和IDO都是刚成立不久的新公司，技术实力不够深厚，而在电子通信相关领域深耕多年的KDD则拥有大量的优秀技术人才。三家企业合并后成立的KDDI之所以拥有强大的技术实力，可以说KDD的人才做出了巨大的贡献。

充分利用以前的项目中积攒下来的人脉

高盛在日本通信行业如此复杂且频繁的合并浪潮中发挥了非常重要的作用。1998年，高盛担任NTT DOCOMO首次公开募股的主承销商，后续又担任了NTT DOCOMO许多并购项目的顾问。

此外，虽然DDI、IDO、KDD这三家企业通过合并组成了一个能够与NTT集团相抗衡的移动通信公司，但以稻盛名誉会长为代表的创新企业DDI的企业文化和日本传统大型企业丰田汽车的企业文化完全不同。

这两家企业即便直接进行对话也无法实现有效沟通。因此高盛在两者之中扮演的中间人角色可谓是至关重要。高盛与DDI之间由于进行过充分沟通与交流，建立了非常亲密的信赖关系，但高盛与丰田汽车之间由于接触比较少，所以关系比较生疏。

但从高盛的角度来说，与丰田汽车这样的大型企业搞好关系显然很有必要。就在这个节骨眼上，丰田汽车计划将TWJ和KDD合并，面向社会公开招募TWJ的财务顾问。

当时是1998年春季，高盛动用了全部资源去争取这个千载难逢的机会，其他参与竞争的都是在这一领域的顶尖企业，最终高盛力压美林（Merrill Lynch）和摩根士丹利（Morgan Stanley）成为TWJ的顾问。1998年7月，我们在与KDD的谈判中为TWJ争取到了包括合并比率等在内的诸多有利条件。通过这个项目，高盛成功地建立了与丰田汽车之间的联系。

在三家企业合并的项目中，我们在担任DDI的顾问时就充分地利用了这些人脉来进行谈判。不过，在之前担任TWJ的顾问时，因为我们提出了许多对TWJ有利（对KDD不利）的条件而导致了KDD对我们不满。虽然在三家企业合并之后KDDI成了我们非常重要的客户，但KDD出身的人似乎仍然对我们之前帮助TWJ的行为耿耿于怀。不过身为顾问就要全心全意为顾客服务，就算因此遭到对方的记恨也无可奈何。

让人恍然大悟的一番话

在进行三家企业合并的项目中，有一件事给我留下了非常深刻的印象。三家企业合并势必要考虑到合并比率的问题。DDI虽然也从事长途通话业务，但当时全世界的移动通信业务都在飞速发展，因此DDI的绝大多数价值都在移动通信业务上，而IDO只从事移动通信业务。因此，关于这两者的合并比率几乎不用谈判，非常顺利就能够达成一致。

问题在于KDD。正如前文中提到过的那样，KDD的利润缩水到上一年度的四分之一而股价却上涨了四倍。可以说完全处于泡沫状态。1999年末，KDD的股价飙升至年初时的4倍，达到16 000日元，以这个股价来计算的话其总市值高达1.3万亿日元，而1999年3月期KDD的年度报告中利润却比去年同期减少了75%，经常利润只有155亿日元。就算不考虑非经常性损益，按净利润100亿日元计算，其市盈率也高达130倍。更糟的是，KDD的业绩还在持续恶化中。

虽然整个电子通信行业都受互联网泡沫的影响，导致各企业的市盈率都偏高，但DDI和NTT集团在不考虑非经常性损益的情况下市盈率都在40倍左右。

稲盛和夫

在这种情况下，我作为DDI的顾问在进行合并比率谈判之前先向DDI的稲盛名誉会长做了非常详细的分析报告。我说："KDD的总市值完全是虚高的，想要证明这一点非常简单，即便将其总市值砍掉一半也仍然高出正常水平很多。因此，我们应该以此为基准进行谈判。"

DDI的干部都赞成我的观点，只有稲盛名誉会长的反应与众不同。他对我这样说道："服部先生，你打算直接告诉KDD的高层领导说'你们公司的股价有问题'吗？请不要这样做。KDD的高层领导也是有尊严的。即便股价真的有问题，但股价就是股价。请按照现在的股价进行谈判吧。"

听完稲盛名誉会长的这番话，我顿时恍然大悟，同时也认识到了自己是多么年轻和缺乏经验。当三家企业合并之后，他们就都是在一起工作的同事了。如果在合并的时候让KDD颜面扫地，下不来台，即便这样做有充分正当的理由，也会让对方怀恨在心。今后受苦的并不是我们这些顾问，而是当事双方——DDI和KDD。或许这就是所谓的"有钱人不吵架"吧。

"给你们的报酬太低了！"

在我担任DDI顾问的过程中，许多DDI的高层干部都为我提供了巨大的帮助。当时担任DDI社长的是曾经担任过日本邮政省事务次官的大人物。他虽然曾经身为政府官员，但在担任DDI的社长之后，为消除日本移动通信事业不合理的政府规定而尽心竭力。他也是唯——位敢当着稻盛名誉会长的面提出反对意见的人。他的这种胆识让我十分钦佩，时至今日我仍然将他奉为我的人生导师。

还有一位当时的董事会成员，他是稻盛名誉会长亲自从NTT集团邀请过来参与DDI创业的人，后来他还担任了KDDI的社长。虽然他是技术人员出身，但对并购、财务、会计等领域持有非常浓厚的兴趣并坚持自学了许多相关知识，以至于在不涉及金融相关问题的时候他根本不需要我多做任何解释和说明。在他的经营之下，KDDI取得了长足发展。

能够给这么多值得尊敬的前辈提供帮助，哪怕只有一点点，也是我莫大的荣幸。事实上，在1999年12月三家企业正式宣布合并的记者招待会上，一位DDI的高层管理者在闲聊中这样对我说道："没想到你们真的能够促成三家企业合并。我对高盛的顾问团队表示由衷的感谢。一开始我还觉得你们的要价太高，但现在却觉得给你们的报酬太低了！"

这恐怕能算得上是对投资银行最高的褒奖了。

戴姆勒收购日产汽车

综合写字楼里的尽职调查

　　虽然DDI、IDO、KDD三家企业在1999年12月才正式宣布合并，但这个项目本身从1998年我担任KDD和TWJ合并顾问的时候就已经开始了。同一时期，我还参与了另外一个风格迥异的项目，那就是戴姆勒–奔驰（以下简称戴姆勒）收购日产汽车的项目。虽然最终戴姆勒并没能成功收购日产汽车，随后转而投资三菱汽车，但因为我曾在日产汽车工作过，所以这个项目给我留下了非常深刻的印象。

　　1998年初的某一天，我接到高盛法兰克福分公司的团队打来的电话，对方告诉我们"戴姆勒计划收购日产柴油工业公司（以下简称日产柴油工业），正在招募顾问"。法兰克福分公司的委托非常明确："戴姆勒的项目团队已经启程前往东京，希望你们能够获取他们的信任，拿下这个项目。"

作为一家德国企业，戴姆勒在文化上与日本企业有许多相似的地方。对于这样大型的项目，如果是美国企业的话，最多也就派四五个人过来，但德国企业和日本企业通常会派遣一个庞大的考察团队。因此，戴姆勒的团队来了十多个人。

我们在一周的时间内与戴姆勒的团队进行了多次磋商，虽然对方可能还有其他顾问候选人，但最终还是选择了我们作为他们的顾问。第二周，我们和他们一起来到位于东京代代木附近的一栋综合写字楼一楼的一间大约50平方米的会议室。会议室的一边靠墙摆放着一个大约10米长的桌子，上面堆满了装着资料的纸箱。这里就是日产柴油工业专门为有收购意向的企业进行尽职调查而准备的资料阅览室。

会计师的信

我们和戴姆勒的项目团队以及会计顾问、法律顾问等加起来超过20人的项目组聚集在这个房间里。我们先用了一天时间浏览这里都有哪些资料。不可思议的是，管理这间资料阅览室的并非日产柴油工业的员工，而是日产汽车经营企划部的员工。日产柴油工业本身是上市企业，虽然其最大的股东是日产汽车，但日产汽车只拥有39.8%的股份。也就是说，日产汽车并没有超过半数的股份，所以日产柴油工业不能算是日产汽车的合并子公司。但在这种情况下，日产汽车竟然直接对日产柴油工业的资料阅览室进行管理，实在是有点奇怪。

总之，我们先对这里的资料进行了一次全面检查，最后发现了一份令人震惊的信件复印件。这封信被放在房间一个不起眼的角落的纸箱里，是当时审计日产柴油工业的注册会计师发来的。信件的内容如下：

1998年3月期的年度审计报告为无保留意见。下一期（1999年3月期）的年度审计报告大概也能够给出无保留意见的报告。但到再下一年，因为会计准则将更改为以实际支配基准来划分合并子公司的范围，所以2000年3月期的年度审计报告不能再像现在这样继续给出无保留意见的报告。

因为我们之前就知道这次的交易对象是日产柴油工业，所以我们事先检查了他们的年度审计报告等相关资料。当时我们检查的是1997年3月期的年度报告和1998年9月期的半年度报告，后来的事实证明截止到1999年3月期的年度报告，日产柴油工业都以"我们没有子公司，所以没有制作合并财务报表"为理由只公布了自己单独的财务报表。但日本的汽车生产企业基本都在日本范围内拥有自己出资成立的销售公司。不承认这些销售公司是自己合并子公司的做法非常少见，这一点也让我们感到有些不可思议。

我们针对这一点向日产汽车方面提出了质疑，于是对方又提供了一份追加资料。这份资料就是未公布的合并财务报表。根据这份报表，日产柴油工业在全国拥有25家子公司，应该算在合并资产负债表上的日产柴油工业的有息负债为1 879亿日元，如果算上合并子公司的话则增加为4 668亿日元。当然，上述数字是2000年3月期的年度报告中日产柴油工业实际公布的数字，至于当时那份未公布的报表上的数字我已经不记得了。但大致情况就是这样，只要诸位读者能理解就行了。

分期付款销售的坏账导致债务超标

这部分内容比较专业，我来给大家解释一下。日产柴油工业在日本范围内拥有25家合并子公司，但一直到1999年3月期的年度报告为止都故意将这些子公司算为不合并子公司。为了达到这一目标，日产柴油工业与日产汽车先是各出资50%成立一个公司，然后再将全国的子公司归到这个公司旗下。这样一来，日本范围内的子公司与日产汽车和日产柴油工业之间也成了各出资50%的关系。

当时国际会计准则对合并对象的定义是，"母公司直接或通过子公司间接拥有被投资单位半数以上的表决权，表明母公司能够控制被投资单位"。因此，采用了上述的办法之后，这些子公司就可以不被算作日产汽车和日产柴油工业的合并子公司。

我们后来发现，日产柴油工业在全国范围内的这些子公司存在1 000亿日元（这是一个虚构的数字）的不良债权，如果将这些全都合并过来的话，那么日产柴油工业的合并财务报表就会出现债务超标的问题。

在1999年3月期的年度报告中，日产柴油工业的净资产为461亿日元。如果将1 000亿日元的不良债权算作亏损，那日产柴油工业就资不抵债了。正如审计日产柴油工业的注册会计师在信中所说的那样，1998年国际会计准则委员会就对准则进行了修改，除了半数以上的表决权之外，母公司以任何形式实际支配的子公司和相关企业都会被算作是合并对象。欧洲早在1994年就通过《国际会计准则（IAS）第27号决议》采用了这一制度，1995年美国也公布了《FASB Exposure Draft No.194B（财务会计准则委员会第194b号征求意见稿）草案》，采用了这一制度。

受此影响，日本的会计基准也在2000年3月期，准确地说是从1999年4月1日以后正式执行实际支配基准合并制度。这一制度生效后，日产柴油工业就无法将自己旗下的销售子公司的财务数据排除在报表之外了，结果就会导致合并债务超标。面对这一危机，日产汽车虽然也在思考解救日产柴油工业的办法，但对日产汽车来说最好的解决办法就是将这块烫手的山芋卖给别人。

为什么销售子公司会出现这么多的不良债权呢？虽然我无法确定具体的原因，但我们可以试着分析一下。日产柴油工业以生产和销售卡车为主，卡车的价格都很高，其主力车型4吨卡车的售

价在500万～600万日元。如果再加上一些特殊设备，售价就会突破
1 000万日元。这个价格甚至能买到皇冠和奔驰这种级别的轿车。
购买卡车的顾客绝大多数都是中小型企业，虽然购买的时候可以分
期付款，但中小型企业的抗风险能力较低，市场稍有波动就会导致
这些企业的资金周转出现问题，甚至有些企业在没偿还完贷款时就
破产了。

尽管销售企业拥有分期付款车辆的所有权，可以在对方无力偿
还贷款的时候将车辆收回，但即便如此仍然还残留有许多尚未偿清
的贷款。这些坏账积累起来就导致不良债权越来越多。企业应该及
时地将这部分不良债权当作亏损处理，或者可以从一开始就委托金
融机构来办理分期付款手续，在放弃贷款利息的同时也不必承担出
现坏账的风险。总之，这么多的不良债权的存在充分说明了日产柴
油工业在企业管理方面存在严重的问题。

"要不要收购日产汽车？"

因为日产汽车只拥有日产柴油工业39.8%的股份，所以就算戴
姆勒将日产汽车手中的股票全都买来也无法拥有日产柴油工业半数
以上的表决权，要想将日产柴油工业完全收归自己的旗下，戴姆勒
只能继续收购日产柴油工业新发行的股票，而新发行的股票应该定
价多少就成了问题的关键。

日产柴油工业除了存在债务超标的问题之外，业绩也令人担

忧。在1999年3月期的年度报告中，日产柴油工业的销售额为2 240亿日元，与前1年同期相比减少了25%，营业利润出现了大约180亿日元的亏损，与前1年同期相比减少了186亿日元（这些数字都是后来得知的），可以说经营状况十分惨淡。日产柴油工业之所以当时在东京证券交易所的总市值为500亿日元左右，是因为他们隐瞒了债务超标的问题，而已经得知真相的戴姆勒当然不可能以这个价格购买日产柴油工业的股票。

根据《日本证券交易法》和《公司法》（当时还叫《商法》）的规定，日产汽车不管以多少价格卖出自己持有的股票都没关系，但就算将市值500亿日元的东西以200亿日元的价格卖出，这部分的差价也不能算作日产汽车的亏损。但对于买方来说，以200亿日元的价格买到了价值500亿日元的东西，相当于获得了300亿日元的利益，在日本的税法上这属于应税收入。

那么日产柴油工业新发行的股票又如何呢？买方购买股票不需要缴税，但股票的发行方如果以明显低于市值的价格发行新股票，这在法律上被称为有利发行，必须在股东大会上得到三分之二以上的赞成票才能通过，而享受有利发行的买方同样可能因为获益而被收税。

面对这些复杂的问题，我们进行了长达几个月的分析和讨论，就在这时日产柴油工业，也就是日产汽车方面忽然提出了一个完全出乎我们意料的建议。

"要不你们别收购日产柴油工业了。考虑一下直接收购日产汽车怎么样？"

在听到这句话的时候我一下就愣住了，甚至怀疑自己的耳朵是不是听错了，但从对方的表情上来看，他们应该是认真的。

我一时间无法做出回应，只能先让对方进行详细说明。于是，我们了解到这样一个事实。

日产汽车之所以不想办法挽救日产柴油工业而是急于将其出手的真正原因是日产汽车本身也处于财务危机之中。

日产柴油工业的销售规模最多只有2 500亿日元，但这是单独的数字，如果算上所有的合并子公司这个数字能达到3 800亿日元。不过与五十铃的1.5万亿日元和日野的7 000亿日元相比，日产柴油工业完全处于劣势，其经营上面对的困境也就可想而知了。

虽然日产汽车的业绩也呈现出低迷的态势，但在1999年3月期的年度报告中，日产汽车销售额高达6.6万亿日元，营业利润1 097亿日元。算上营业外损益和非经常性损益的话，净利润为亏损277亿日元。上述数字是后来发表的实际数字，不过我们当时预计的数字也和这个数字差不多。

危机的真相

当然，对于日产汽车这样的企业来说，这种程度的亏损并不算什么太大的问题。既然如此，为什么日产汽车这么急于兜售自己呢？考虑到日产柴油工业存在严重的数据弄虚作假问题，我们怀疑日产汽车也另有隐情。事后大量新闻报道证实了我们的猜测。

当时日产汽车在日本国内并没有畅销车型，全靠在美国市场的Fairlady Z（淑女）跑车勉强维持。从1993年3月期到1996年3月期，日产连续4年都出现了560亿～1 661亿日元的亏损，不过到1997年3月期日产终于取得了777亿日元的盈利，成功扭亏为盈。随后在1998年3月期和1999年3月期（预计），加上合并子公司的800亿～1 100亿日元营业利润后，日产汽车的营业利润率为1%～2%，虽然算不上好，但至少没有出现亏损，更不至于面临破产的危机。

日产汽车合并业绩推移（亿日元）

日产汽车业绩推移图

那么日产汽车的问题究竟在哪呢？日产汽车当时在全世界范围内的年总销售额约为6万亿日元，其中最重要的美国市场大约有2万亿日元的规模。众所周知，在汽车销售中分期付款购买占很大的比例，而在2万亿日元的市场规模下，办理分期付款的金融业务非常有利可图。于是日产汽车在美国专门成立了一个金融子公司NISSAN Motor Acceptance Corporation（日产汽车验收公司，NMAC）负责该项业务。这个金融子公司的资金则依靠在美国发行以美元为基础的商业票据（Commercial Paper，CP）来筹集。

类似这种专门成立金融公司的做法在汽车行业很普遍，比如通用汽车有GMAC（通用汽车金融公司），丰田汽车也有TOYOTA Motor Credit Corporation（丰田汽车信贷公司）。成立金融公司本身没问题，问题在于筹集资金的方法。汽车（乘用车）的分期付款期限一般为4～5年。因此NMAC的资产相当于满期4～5年的分期债权，也就是平均剩余年数在2～2.5年的中期债权。

但日产在筹集资金的时候似乎利用的都是满期60～90天的CP。之所以用"似乎"，是因为我现在所写的这些内容是根据事后的报道所写的，而非当时的记忆。还有一点需要注意的是，当时日产汽车的业绩持续低迷，因此被穆迪等美国债券评级机构连续下调了信用等级。穆迪先是在1998年4月将日产汽车的长期信用等级从A3下调到Baa1，这是自1995年1月以来，时隔三年穆迪再次下调日产汽车的信用等级，而距离这次下调仅仅过了4个月，在1998年8月的时候，穆迪将日产汽车的长期信用等级直接下调了2个档次，从

Baa1直接下调到Baa3，这意味着日产汽车发行的债券距离垃圾债券只有一步之遥，几乎失去了投资的价值。紧接着在1998年11月，穆迪宣布正在考虑继续下调日产汽车的信用等级，并且最终在1999年3月将日产汽车的长期信用等级下调为不适合投资的Ba1，短期信用等级下调为Not Prime（非优质，NP）。

主银行之罪

美国的CP市场十分庞大，发行额高达2万亿美元，与之相比，日本CP市场10万亿日元的发行额简直是小儿科。但正因为规模庞大，美国CP市场对信用评级十分敏感，基本只有短期债务评级在"A1/P1"、长期债务评级在"A"等级的对象才能大规模卖出债券。日产汽车截止到1995年都能够维持在A3以上的信用等级，但1995年因为业绩下滑，信用评级被下调到Baa1。

这样一来日产汽车CP的短期债务等级也下跌到"A2/P2"的级别，如果小规模地发行债券或许还能卖出去，但考虑到当时日产汽车在美国的销售规模，其大约发售了1万亿日元规模（大约10亿美元）的CP。在"A2/P2"这个级别上想卖出这么大规模的债券相当困难。

当出现这种情况的时候，日产汽车应当立刻从根本上解决资金筹集的问题。日产汽车最正确的做法是退出金融业务领域，将债权转卖给第三方，彻底停止CP相关的项目，这样才不会使问题进一步扩大。但日产汽车并没有放弃金融业务。结果在1998年8月，日产汽车的信用等级被再次下调到Baa3，短期债务评级下降到了"A3/P3"的最低级。这样一来，日产汽车的CP就完全卖不出去了。日产汽车在1998年后半段面临的问题可谓非常严峻。

那么日产汽车采取了什么解决办法呢？当时日产汽车已经无力偿还到期的CP债务，于是按照主银行给出的建议，先从日本的银行贷款，然后转换成美元送到NMAC用于偿还CP债务。日产汽车的主银行有两家，分别是日本兴业银行和富士银行。

大家不妨猜一猜究竟是哪家银行给出的这个建议。

用满期60~90天的CP给2年以上的债权筹集资金的行为本身就是最坏的资产负债管理方式，而冒着汇率波动的风险用日元贷款填美元债权的"坑"更是让人难以置信的做法。

这种拆东墙补西墙的做法本来就坚持不了多久，更糟糕的是日元对美元的汇率持续走高，1998年8月的时候1美元兑换147日元，而到了1999年12月的时候1美元只能兑换到102日元。

NMAC作为日产汽车的合并子公司，其拥有的债权资产也算是日产汽车的资产。但因为美元贬值，所以这部分资产被换算为日元时出现了大幅度的缩水。但日产汽车从日本银行的贷款却是以日元为基础的，所以负债保持不变。这样一来汇率波动导致的损失就越来越大，对日产汽车来说，这绝对是最坏的结果。

我再强调一下，这部分内容是我根据后来的新闻报道写成的。但恐怕距离事实真相已经非常接近。不知道这家主银行是不是想把日产汽车弄破产。据说建议日产汽车和日产柴油工业各出资50%使日产柴油工业的子公司变成非合并子公司的也是这家主银行。如果真是这样的话，这家主银行绝对难辞其咎。

日产汽车争夺战

因为上述原因，这个项目一下子从收购日产柴油工业变成了收购日产汽车。我们也从位于代代木的综合写字楼转移到了位于东京东银座的日产汽车总部。对于我来说，这算是故地重游。我和戴姆勒的考察团一起前往日产汽车总部，与日产汽车当时的经营层进行了许多场谈判。

日产汽车当时面临非常严重的经营危机。虽然打算收购日产柴油工业的似乎只有戴姆勒一家，但有意收购日产汽车的除了戴姆勒之外还有福特和雷诺。在这三个候选企业之中，日产汽车的经营层都非常希望日产汽车被戴姆勒收购。

汽车行业的业内人士应该很容易理解原因。奔驰在日本毫无疑问是顶级的汽车品牌。相当于手表界的劳力士、时尚界的爱马仕。既然企业要被卖，那卖给卡西欧不如卖给劳力士，卖给饰梦乐不如卖给爱马仕。顺便说一句，我更喜欢卡西欧手表。

戴姆勒最初对收购日产汽车的项目也非常积极。不过他们似乎对日产汽车方面以塙义一社长为首的经营层没有什么太好的印象。毕竟用让人摸不着头脑的资产负债管理方法将公司逼入绝境的就是这些人。但抛去我原日产汽车员工的身份公平地说，虽然日产汽车在财务管理等方面称不上一流，但作为一家汽车生产企业，日产汽车在技术上的经验和积累绝对能和世界上任何一家汽车企业一较高下。

在进行收购审查的过程中，我特意将身为技术负责人的副社长也加入戴姆勒团队的访谈名单里。这位副社长是我在日产汽车第二技术部工作时的直属上司，当时他担任课长。他除了拥有非常专业的技术实力之外，还拥有非常优秀的管理能力，能够自然而然地将周围的人都聚集到自己的身边，我再也没见过比他更有人格魅力的上司。只要和他交流30分钟，任何人都能发现他是最优秀的技术人员，同时也是最优秀的领导者。结果不出我所料，戴姆勒团队在和这位副社长交流之后，彻底扭转了对日产汽车经营层的印象。这个项目眼看就要迎来完美的结局。

戴姆勒退出，日产落入雷诺手中

就在这时，大洋彼岸传来了一个出人意料的消息。1998年5月，戴姆勒与美国汽车行业三巨头之一的克莱斯勒宣布合并。戴姆勒的董事长施伦普与克莱斯勒的董事长伊顿一同出席了记者招待会，宣布两家企业对等合并。

但这件事并没有立刻对收购日产汽车的项目造成影响。事实上，戴姆勒与克莱斯勒合并的项目也是由高盛担任戴姆勒方面的顾问，所以我们早就从高盛法兰克福分公司那边听说过这件事。

以戴姆勒的雄厚资本，即便与克莱斯勒合并也仍然有收购日产的实力。但就在1998年后半段，戴姆勒与日产谈判渐入佳境的时候，戴姆勒与克莱斯勒的合并项目的进展也十分顺利。

戴姆勒计划用自己的股份交换等价的克莱斯勒股份，但戴姆勒作为一家德国企业，如果想在美国成为克莱斯勒的股东就涉及国际股份交换，需要办理非常复杂的手续。戴姆勒的董事长施伦普每天都忙于处理与克莱斯勒的合并项目，对收购日产汽车项目的关注度自然就降低下来。1999年初，戴姆勒决定不再参与收购日产汽车的项目，并在1999年3月10日正式宣布了这一决定。

对我来说，这是一件非常遗憾的事情。直到今天我仍然觉得日产汽车和戴姆勒之间的互补性非常强，而且戴姆勒后来在2007年的时候又将克莱斯勒卖给了美国瑟伯勒斯资本管理公司。这么看的话，戴姆勒当初收购日产汽车或许是个更好的选择。

但对日产汽车来说，被雷诺收购或许是个更好的结果。在戴姆勒放弃收购之后不久，日产汽车就与雷诺进行了非常细致的谈判。1999年3月27日，雷诺宣布出资5 857亿日元收购日产汽车36.8%的股票，收购日产柴油工业22.5%的股票，同时以380亿日元的价格收购日产汽车在欧洲的销售金融子公司，并获取了日产汽车2 159亿日元的附认股权债（公司债部分被日本的金融机构获取）。此外，日产汽车也宣布将来会投资雷诺。

雷诺还宣布将行政副总裁卡洛斯·戈恩派到日产担任首席运营

官（COO）。当时戈恩在雷诺是仅次于董事长路易斯·施维茨的第二号人物，被认为是最有希望成为施维茨继任者的人。由此可见，雷诺把一个王牌管理者送到了日产汽车。

来到日产担任COO的卡洛斯·戈恩

假设日产汽车被戴姆勒收购，恐怕戴姆勒不会将自己的王牌管理者送到日产。在戴姆勒计划收购日产汽车的时候，其打算派往日产汽车的首席执行官（CEO）候选人是毕睿德·皮谢茨里德。他在1993年到1999年期间担任BMW（宝马汽车）的董事长，1998年就有传言说他已经被解雇。他果然在1999年离开BMW，然后一直到2002年都没有出任过任何职务，后来又被大众聘请为董事长。虽然他确实是一名超优秀的人才，但即便戴姆勒收购了日产汽车，是否真的会雇用他也是个问题。

戴姆勒收购日产汽车项目团队的负责人是戴姆勒负责经营企划的董事艾克德·科德斯。这是一位工作能力非常出众的人。虽然不知道他作为公司的领导者是否能够取得成功，但戴姆勒完全没有将他派到日产汽车任职的意思。顺带一提，在施维茨辞去戴姆勒CEO的职位之后，科德斯也同时辞去了戴姆勒的工作。

虽然戴姆勒放弃收购日产汽车转而与克莱斯勒合并，但后来戴姆勒又计划进军日本，并且于2000年10月以2 024亿日元的价格收购了三菱汽车34%的股份。当时戴姆勒派到三菱汽车任职的是罗尔夫·艾克罗特。他在戴姆勒时担任的是铁道部门的CEO。他性格踏实耿直，是个好人，但作为经营者似乎并不是非常优秀。从这一点上不难看出，就算戴姆勒收购了日产汽车恐怕也不会将自己最优秀的王牌管理者送到日产汽车。

戴姆勒投资三菱汽车

不负责任的新闻媒体

1998年末，虽然日产汽车的项目已经接近尾声，但前文中提到的DDI的项目正处于关键期，因此我每天仍然非常繁忙。因此，当日产汽车的项目结束的时候，尽管结果让人感觉非常遗憾，但对我来说倒是减轻了工作压力。

又过了一年多的时间，2000年7月，戴姆勒正式宣布将与三菱汽车展开资本合作。因为在日产汽车项目进行时我们赢得了戴姆勒的信赖，所以在这个项目中我们又被戴姆勒聘请为顾问。

这个项目从2000年初开始执行。经过多次谈判之后，在2000年3月27日双方签署了一份没有法律效力的基本意向书，并且在记者招待会上宣布戴姆勒将向三菱汽车投资2 250亿日元，同时获取34%

的表决权。

在正式宣布这一消息之前，双方在位于京都中心的一家酒店里进行了秘密谈判。我们在这家酒店里待了大约一周，戴姆勒方面的团队和之前计划收购日产时的团队几乎没什么变化，而三菱汽车方面则是以河添克彦社长为首的经营层团队。

某一天，我们在谈判结束之后打算出去吃点东西，结果一出门就碰到了一个曾经打过交道的日本经济新闻的记者，他可能是从什么地方听到了风声，于是特意在这里等候。这名记者主动上来打招呼，想从我们嘴里套出点有用的信息，而我们当然守口如瓶。日本经济新闻从2000年3月初就一直发表文章称三菱汽车将与外国企业进行资本合作。就在戴姆勒与三菱汽车召开记者招待会的几天之前，日本经济新闻还发表文章称三菱会将轿车业务独立出去，并且将独立的轿车业务的五成股份卖给戴姆勒。

我能理解这些记者想要获取独家新闻的心情，但在当事人正式宣布的几天前在报纸上发表与事实完全相反的文章，除了迷惑世人之外有什么积极的意义呢？况且这种错误的报道也根本称不上是独家新闻，但记者似乎对此并不在意。事实上，戴姆勒投资的对象是三菱汽车本身。当三菱汽车将卡车和轿车业务独立出去之后，戴姆勒取得超过半数股份的是卡车业务而非轿车业务。

2002年9月，戴姆勒出资880亿日元收购了三菱扶桑卡客车43%的股份，随后又在2004年3月出资520亿日元追加收购了22%的股份，将三菱扶桑卡客车变成了自己的合并子公司。只剩下轿车业务的三菱汽车在2004年4月请求戴姆勒继续追加投资，但戴姆勒不但拒绝了三菱方面的请求，甚至还卖出了自己所持有的三菱汽车股份，宣布解除与三菱汽车的资本合作。事实证明，戴姆勒实际采取的行动与日本经济新闻的报道完全相反。

隐瞒69万辆汽车的安全隐患问题

当双方在2000年3月签署完基本意向书之后，戴姆勒就正式开始了对三菱汽车的收购审查。戴姆勒在研究开发、生产、采购、设计、日本国内销售、日本国外销售等所有领域总结出几百个问题，通过对三菱汽车干部的问询将存在的疑问逐一消除。

就在双方即将签订正式合同的时候，2000年7月19日，三菱被爆出在过去几十年间隐瞒了9种安全隐患，涉及51万辆汽车。

主要的安全隐患包括"戈蓝等车型因为油箱问题导致汽油泄漏""蓝瑟因为曲柄轴螺栓破损导致发动机熄火"等。但三菱在发现这些问题之后没有及时宣布召回，而是私下进行了处理。

后来在2004年，三菱卡客车部门又被爆出隐瞒安全隐患的问题，这次重大事件也成为导致戴姆勒解除与三菱汽车资本合作的主要原因。

经调查发现，三菱汽车在过去23年间故意隐瞒了10种以上车型的安全隐患，涉及汽车总数高达69万辆。

其中比较严重的事故有2002年1月发生于神奈川县的拖车车轮脱落事故，脱落的车轮砸中路边的母子三人导致母亲当场死亡。还有2002年10月发生于山口县的9吨卡车推进轴脱落事故，卡车失控后撞到障碍物导致司机当场死亡。这些事故表明三菱汽车在之前出现过同样问题的情况下仍然没有宣布召回，而是选择了隐瞒。

自从2000年7月19日第一次爆出隐瞒安全隐患的问题以来，在随后的4年间三菱汽车又接连爆出更加严重的问题，三菱汽车的企业信誉顿时跌入谷底。不过在2000年7月问题最初出现的时候，公众还不知道后面的这些事情。当然，在2000年7月时被爆出的隐瞒51万辆汽车安全隐患的问题就已经属于非常严重的问题了。

在3月份签署基本意向书的时候，戴姆勒与三菱汽车将三菱汽车的股价定为450日元，但最终这个价格被下调到405日元，戴姆勒的投资金额也从2 250亿日元减少到2 024亿日元。

当时戴姆勒并没有取消投资的想法，但如果一直到2004年发现的问题全都在2000年的时候曝光出来的话，恐怕戴姆勒就不会与三菱汽车进行资本合作了。

在戴姆勒总部做报告

虽然出现了许许多多问题，但戴姆勒最终还是决定与三菱汽车进行资本合作。在做尽职调查的过程中，我们对三菱汽车的品质管理部门进行问询。在提问的最后，我们按照惯例都会问这样一个问题："除了前面说的这些内容之外，三菱汽车是否还有会对品质问题造成重大影响的未公布事实？"

三菱的品质管理负责人给出的回答是"没有"。在做尽职调查的时候，这种最后的全面提问是非常有必要的。

关于这个项目还有一个需要解决的难题。虽然戴姆勒与三菱汽车进行了资本合作，但并不打算将三菱汽车生产的汽车以戴姆勒的品牌进行销售。也就是说，戴姆勒希望三菱汽车能够继续沿用"三菱"的品牌进行生产和销售。当时戴姆勒只拥有三菱汽车34%的股份，所以三菱汽车继续沿用"三菱"的品牌没什么问题，但如果将来戴姆勒拥有三菱汽车超过50%的股份，使其变成自己的合并子公司之后，要是不能继续使用"三菱"品牌的话，恐怕会使三菱汽车的价值受到损害。

三菱汽车并不是"三菱"这个品牌的所有者。不只是三菱，像三井和住友这样的财团系企业都存在同样的情况。这些财团旗下拥有大量企业，如果每个企业都在自己的行业和所在国家及地区注册商标的话，不但非常麻烦还可能出现重复，所以这些财团会让其中一个企业作为代表在全世界范围内注册商标及处理侵权事宜。

三菱汽车就属于这种情况。因此，其他企业与三菱汽车进行资本合作的话，还需要与三菱财团旗下的其他企业都签订合同，保证三菱汽车能够在汽车和卡车相关领域按照一定条件长期拥有"三菱"的商标使用权。

像这样比较繁杂的手续，只有对细节问题逐一进行分析和解决之后才能逐渐变得明朗起来，而在解决问题的过程中经常会出现"解决一个问题又引出其他问题"的情况，结果就需要采取更多应对方法。很多人以为我们这些并购顾问每天都和大企业的高管打交道，威风八面、神气十足，但实际上我们绝大多数的时间都是在处理文件和资料，做着非常枯燥且很需要毅力的工作。

2003年，戴姆勒方面忽然对我说："关于今后我们与三菱汽车之间的资本关系，希望能听一听您的建议。"我接受了他们的邀请，启程前往位于德国斯图加特的戴姆勒总部。

我当着戴姆勒许多高层管理者的面仔细地为他们分析了三菱汽车的品质问题，以及在日本市场销量低迷的状况，最后这样建议道："坦白地说，在与三菱汽车进行资本合作这个问题上，我认为戴姆勒与三菱扶桑卡客车还有一定的合作前景，而应该考虑中止与轿车部门（三菱汽车本体）合作。"

不知是否受我的建议影响，戴姆勒最终在2004年4月宣布终止对三菱汽车的资金援助，双方的资本合作在持续了4年左右后宣告结束。

发行"自杀式可转换债券"

2007年7月，三菱汽车在J. P. 摩根证券的建议下发行了1 260亿日元的MSCB（行使价格变动型可转换债券）型B种优先股，这种行为简直与自杀无异。

所谓行使价格变动型可转换债券，指的是企业在发行转换债券后每隔一定期间（比如一个月），转换价格就会随企业的股价发生变化的债券。三菱汽车发行的这个MSCB属于棘轮债券，转换价格只能向下调整。也就是说，即便股价在下跌后又上涨，但转换债券的价格却不会随之上调，这对发行企业来说非常不利。

除此之外，三菱汽车还以三菱集团作为担保人，通过普通优先股和普通股筹集了总额4 950亿日元的资本。按理说既然都到了发行MSCB的分上，还不如找关系比较亲密的企业通过发行新股或者普通转换债券的方式来筹集这1 260亿日元的资金。

可能J. P. 摩根等证券公司对三菱汽车给出了这样的建议："所有的资金都从集团企业方面筹集恐怕不太好，如果不自己想办法筹集一些资金的话，将来在集团内岂不是低人一等？"

结果三菱汽车通过MSCB这种极其危险的方式筹集资金，遭到J. P. 摩根卖空导致股价暴跌，使经营深陷困境。之前活力门为了筹集收购日本放送股票的资金也采用过MSCB的方式，但这种方式存在严重的漏洞，能够让承销的证券公司从中赚取巨额收益。因此，只要还有其他资金筹集手段，企业绝对不要尝试这种方法。

问题的关键在于，转换价格向下调整后的价格是由调整日前一定时间（三菱汽车的情况为5个工作日）的东京证券交易所收盘价的平均值乘以一定的比率（三菱汽车的情况为7%）来决定的。这样一来，MSCB的持有者就可以在转换价格调整日的5个工作日之前，每天以东京证券交易所收盘价卖空自己持有的MSCB账面总额的五分之一的股票。这样连续操作5个工作日，就可以很轻松地以比下一次转换价格（5个工作日平均收盘价再减去7%）高7%的价格卖空三菱汽车的股票。

随后，MSCB的持有者可以将价格下调后的三菱汽车股票（价格下调7%）买回来，这样就没有任何风险地获取了相当于自己持有的MSCB账面总额7%的收益。也就是说，如果负责承销MSCB的证券公司不将债券卖给第三方而是选择自己持有，然后在第一个转换价格调整日（的前5个工作日之前）全额卖空使股票价格暴跌，就能够赚取7%的收益。因此，这种债券又被称为"自杀式可转换债券"。

赔本买卖

三菱汽车在2016年的时候又被爆出谎报K-car（小型汽车）燃油消耗率的问题。这个问题使三菱汽车的小型汽车销售长期处于停滞状态。当时由卡洛斯·戈恩任董事长的日产汽车向三菱汽车出资2 374亿日元，取得了34%的表决权。舆论普遍认为"委托三菱汽车代工生产K-car的日产汽车一定是事先觉察三菱汽车谎报燃油消耗率的问题，所以才趁机迅速地采取了行动。卡洛斯·戈恩不愧是一个精明的领导者"。

但在我看来，三菱汽车的问题是"有一就有二，有二就有三"。三菱汽车在2000年爆出隐瞒安全隐患的问题时，就已经说明这家企业有"撒谎"的习惯。三菱汽车的高层领导本应痛改前非。但在16年后的2016年，三菱汽车竟然又爆出同样的问题（谎报油耗），而且这种谎报的情况"从1991年开始就已经出现"。

在2000年最初被爆出问题的时候，为什么三菱汽车没有坦白谎报油耗的问题呢？这样来看的话，三菱汽车或许还有其他隐瞒的问题没有被发现。搞不好10年之后，日产汽车会发现自己投资三菱汽车其实是个赔本买卖。

（我再提醒一下，本书为了尽量营造出临场感，会将金额等数字都具体地表示出来，但这些数字并不能保证完全准确，只是作为一种参考或者例子，为了帮助大家更好地理解当时的情况，希望不要引起大家的误会。）

AOL 日本法人重组

给亏损的公司投资500亿日元?

在本章的最后,我想为大家介绍一个虽然规模不大但很有技术含量的项目,那就是NTT DOCOMO投资美国在线(AOL)的日本法人"AOL日本"的项目。NTT DOCOMO和AOL于2000年10月正式宣布计划各出资45%,成为AOL日本的并列控股股东。在此之前,AOL日本是AOL与日本B商社共同出资成立的合资公司,其中AOL和B商社各出资50%。和前文一样,这些数字都是虚构的。

AOL当时在互联网泡沫的影响下总市值高达20万亿日元,可以说是如日中天。因此,虽然AOL日本的经营连续出现亏损,但AOL仍然认为AOL日本的股票价值1 000亿日元。

NTT DOCOMO当时正在推广手机上网服务iMODE,为了让用户能够消耗数据通信费，NTT DOCOMO迫切地需要互联网领域的内容。因此，要想独占一家在美国取得成功，并且总市值高达20万亿日元的公司在日本的全部业务，NTT DOCOMO只能接受对方提出的价格。但是，当时AOL日本在日本的知名度非常低，而且自从成立以来连年亏损，这样的企业根本不值1 000亿日元这个价格。

于是NTT DOCOMO在我们的建议下采取了"以其人之道还治其人之身"的办法。首先承认AOL日本价值1 000亿日元，但因为NTT DOCOMO是日本首屈一指的移动通信公司，所以如果NTT DOCOMO投资AOL日本的话，就会将AOL的内容显示在iMODE的菜单上，这样一来AOL日本的价值必将在NTT DOCOMO正式投资的瞬间上涨2倍，最少也会上涨1.5倍。

如果AOL日本的价值是100亿日元，那么DOCOMO的投资价值就是50亿日元，但AOL自己提出AOL日本的价值是1 000亿日元。因此NTT DOCOMO的投资价值就是500亿日元。AOL因为AOL日本在日本市场发展不够顺利才与NTT DOCOMO进行资本合作，所以不能认为NTT DOCOMO的投资毫无价值。可以说，AOL面临的情况完全是自作自受。

受赠收益需要缴税与捐款不算亏损的问题

但事情并没有那么简单。得知NTT DOCOMO将投资AOL日本的B商社心中十分高兴。自己所持有陷入亏损困境的企业的50%股份居然拥有500亿日元的价值，这简直就是天上掉下来的大馅饼。B商社十分渴望借此机会将这些股份高价卖出。于是，NTT DOCOMO与AOL达成了如下的基本协议。

（1）重组后的AOL日本将成为NTT DOCOMO和AOL各出资45%的合资公司，B商社持有的股份减少为10%。

（2）AOL日本的股票价值预计为1 500亿日元，NTT DOCOMO应支付675亿日元收购已发行股票的45%。但因为NTT DOCOMO的品牌影响力带来了500亿日元的价值，所以NTT DOCOMO只需要再支付175亿日元的现金即可。

（3）B商社原本拥有价值1 000亿日元的AOL日本50%的股票（500亿日元），重组后只拥有1 500亿日元的10%（150亿日元），因此将得到350亿日元的现金补偿。这些钱由NTT DOCOMO和AOL共同承担。

这个协议充满了浓浓的互联网泡沫气息。但在实际执行时却会出现如下的情况：

第一步，AOL以350亿日元的价格从B商社回购AOL日本40%的股份（AOL日本的价值评估为350亿日元÷0.4=875亿日元）。

第二步，AOL以175亿日元的价格将AOL日本45%的股份卖给NTT DOCOMO（AOL日本的价值评估为175÷0.45=389亿日元）。

这样一来，第一步和第二步的价值评估就出现了巨大的差异，因此NTT DOCOMO相当于以低廉的价格获得了AOL日本的股份，可能会被日本的税务部门认为属于受赠收益，存在需要缴税的风险。

为了避免出现上述风险，最终双方采取了如下的方法：

第一步，AOL单方面解除与B商社的业务合作，并且向B商社支付违约金194亿日元。

第二步，AOL以156亿日元的价格从B商社购买AOL日本40%的股份（AOL日本的价值评估为156亿日元÷0.4=390亿日元）。

第三步，NTT DOCOMO以175亿日元的价格从AOL购买AOL日本45%的股份（AOL日本的价值评估为175亿日元÷0.45=389亿日元）。

这样一来，第二步和第三步的价值评估就一致了。

B商社通过第一步和第二步合计获得了350亿日元，其中第一步的违约金全都属于应税收入。不过B商社能以如此高的价格将自己所持的AOL日本40%的股份卖出去已经是捡了大便宜，因此对缴纳一些税金并不在意。

我在本章中介绍日产汽车的项目时也提到过日本的受赠收益需要缴税与捐款不算亏损的问题，这个问题在并购的执行过程中经常会引发一些非常难以解决的麻烦。不同的情况需要不同的解决办法，也就是所谓具体问题具体分析。欧美几乎没有类似这样的税收制度，日本也应该考虑加以改正了。

第四章
日本的超大型
并购时代（下）

GE Capital 收购日本租赁

重建金融业务是与时间赛跑

在1998年后半段到1999年前半段的这段时期，我同时参与了NTT DOCOMO吸收合并PHS（1998年12月宣布）和戴姆勒与日产汽车的谈判破裂（1999年3月宣布）2个项目。事实上，我们在这段时期还参与了1个大型项目。那就是在日本租赁破产后，GE Capital（通用电气资本集团）收购其租赁业务的项目。

日本租赁当时是在日本业界排行第2的租赁企业，而且是日本长期信用银行的关联企业。20世纪80年代，日本租赁并入长银集团，此后的历代社长都是从长银集团调任过来的。后来长银集团因为经营状况恶化，利用日本租赁来处理自身的不良债权，结果在1998年10月长银集团被暂时收归国有之前，日本租赁于1998年9月

27日向东京地方法院申请适用《企业重建法》。同月29日，其全资子公司日本租赁汽车也申请适用《企业重建法》。

从这时起，日本租赁和日本租赁汽车就相当于一个整体，所有的手续都是2家企业同时且统一办理，因此这2家企业从此就被统称为"日本租赁"。

当时东京地方法院民事八部及相关人员似乎都认为导致日本租赁破产的主要原因是接纳长银集团的不良债权，而其本身的租赁业务非常健康。因此，民事八部及民事八部指定的重建财产管理人（在11月30日法院决定开始执行重建手续之前被称为保护管理人，下文中统称为重建财产管理人）奥野善彦律师在制定重建计划的时候选择了一个前所未有的重建方法，那就是将仍然处于健康状态的租赁业务卖给第三方。

日本租赁在申请适用《企业重建法》之前可能也考虑过这个方法。如果某家企业申请适用《企业重建法》，社会上就会认为这家企业已经破产。虽然实际上这家企业并没有破产，因为《企业重建法》的宗旨就是通过"重建"的方法让企业存活下来。但即便如此，一旦企业被贴上"破产"的标签，顾客自然会对其敬而远之，特别是从事租赁和借贷之类业务的金融机构。对于金融行业来说，信用就是一切。因此，一旦金融机构处于濒临"破产"的状态，一瞬间就会失去绝大多数的顾客，业务也会随之陷入困境。因此，不到万不得已企业都不会采取这种方法。那为什么日本租赁还是选择了申请适用《企业重建法》呢？

事实上，导致日本租赁申请适用《企业重建法》的直接因素，是针对日本租赁的债权提供担保的银行由于害怕日本租赁破产而向日本租赁的顾客发送债权转让的通知，也就是让顾客不要将租赁费支付给日本租赁而是直接支付给银行。

法院举办的顾问名额招标

通过向法院申请适用《企业重建法》并且在法院指定了重建财产管理人之后，银行发送的债权转让通知就自动失效。但接到银行通知的顾客还敢继续和这样的企业（日本租赁）继续合作吗？假设租赁债权的平均期限为4年，那么剩余债权的平均剩余期间大约为2年。也就是说在2年之后，日本租赁资产（即债权）的一半即将到期。如果顾客在债权到期之后仍然继续和日本租赁签订合同，那么日本租赁还能继续维持业务规模，但有多少顾客愿意和一个濒临破产的企业继续签订租赁合同呢？对于资产贬值速度极快的金融业务来说，重建就是与时间赛跑，而且一路上困难重重。

正因为如此，尽快将最为健康但资产贬值速度极快的租赁和分期债权卖给第三方，用获取的资金挽救还能正常开展的业务的方法在理论上来说是最合理的。

1997年宣告破产的日本债券信用银行旗下的皇冠租赁就采取过这种方法，当时皇冠租赁也宣告破产，然后将健康的租赁和分期业务卖给第三方，用获取的资金来填补其他不良债权（主要是不动产抵押融资）的窟窿。但日本租赁的情况稍有不同，因为日本租赁并没有宣告破产而是申请重建，重建也就意味着企业必须存续下去，不能将业务全部卖掉后让企业只剩下一个空壳等待清算。接受其重建申请的法院为了保全自己的体面不会允许企业这样做。

法院和重建财产管理人将仍然健康的租赁和分期债权卖掉之后，需要先用获得的资金处理不良债权，然后将剩余资产中的不动产借贷物资留给日本租赁继续管理，使日本租赁以管理公司的名义存续下来，这种保全"重建"体面的操作难度极高。关于这部分的详细内容，有兴趣的读者朋友可以参考重建财产管理人奥野善彦律师所著的《企业重建——史上最大的破产企业财产管理人的记录》。顺便说些题外话，因为秋获宫真子内亲王殿下的未婚夫就在奥野先生的奥野综合法律事务所工作，所以2017年的时候媒体对这家法律事务所进行了大量报道。

虽然确定了将健康的业务卖给第三方的重建计划，但不管是法院方面还是重建财产管理人方面都完全没有"出售业务"也就是并购这一领域的经验。于是，法院决定从外界招聘财务顾问，并为此举办了一场招标。

当时我一直主要负责实业企业的并购项目，在金融领域只担任过东亚火灾海上再保险公司从瑞士再保险公司收购美国再保险公司M&G项目的顾问，可以说经验并不丰富。但不知为何公司还是决定让我来负责这个项目。

因为这个项目一看就非常难办，所以我一开始并没什么干劲，只是因为公司安排的任务不得不做才去参加了竞标。但我竟然竞标成功，被聘为顾问。我估计，法院方面觉得高盛声名远播而且有过许多成功案例，因此才选了我们。毕竟，这个项目涉及1万亿日元的巨额业务，需要在短时间内在全世界范围内寻找具有收购意向的买家，并且迅速地与对方展开谈判，难度还是相当大的。

除了高盛之外，还有许多大型外资投资银行也参加了竞标，但对方应该是对我们的表现最为满意。后来我担任这个项目的负责人，在极短的时间内完成了大量的工作，现在回忆起来感觉自己非常幸运，因为我通过这个项目获得了非常多的宝贵经验。

全世界超过100家候选企业

日本租赁的租赁业务处于非常健康的状态。比如租赁业务（租赁债权与分期债权的总计）的总资产在账面上有8 700亿日元左右。这些资产每年能够提供3 800亿日元的租赁收入和利息收入。除去不良债权之后，剩余的正常经营的业务的成本大约为3 300亿日元，毛利润大约为500亿日元。

日本租赁每年的运营成本大约为130亿日元。其资产规模的90%都是通过贷款（剩余部分为自有资本）筹集的。虽然当时新发行的长期国债的利率只有1%左右，但日本租赁的资金是从长银集团等银行按照日本法定利率筹集来的，所以每年需要支付3%的利息。8 700亿日元的90%的3%等于235亿日元，500亿日元的毛利润减去运营成本与利息之后剩余的营业利润是135亿日元，再减去当时42%的法人税率（57亿日元），净利润是78亿日元。由于8 700亿日元中的10%（870亿日元）属于自有资产，那么日本租赁的ROE（净资产收益率）就是78÷870=9%。按照惯例，上述数字都是虚构的。

当时GE（通用电气）旗下的金融部门GE Capital在全世界范围内大量收购非银行金融机构。因此，虽然高盛在全世界范围内考察了许多潜在买家，但最关注的目标就是GE Capital。

1998年深秋，在做完一系列的准备工作之后，高盛利用自己遍及全球的经营网络，在24小时之内就与超过100个潜在买家进行了初步接触。然后又在几天的时间内，将有能力收购8 700亿日元业务的候选企业的数量筛选到个位数。

其中最有实力的候选企业毫无疑问是GE Capital。其他还有一两家比较有实力的候选企业，其中一家是日本企业。但因为诸多原因，这家日本企业最终没能进入到具体的谈判阶段。于是，高盛把目标逐渐集中到GE Capital的身上。

收购条件

GE Capital之所以在非银行金融机构的收购活动中拥有压倒性的优势，是因为他们是全世界大型非银行金融机构中唯一取得AAA和Aaa评级（同时在标准普尔和穆迪都取得最高评级）的金融机构。也就是说，他们的资金成本非常低。他们大概与这些评级机构达成了某种协议，为了维持最高的评级，他们必须在进行收购时满足一定的条件。

GE Capital在全世界范围内进行收购的条件是"与收购对象进行9比1的资产重组后，被收购对象的ROE在20%以上"。事实上，通过这个公开的条件就能够推测出GE Capital可能给出的收购价格。

日本租赁被GE Capital收购之后，不考虑通过合理化管理后运营成本降低的因素，那么变化最大的就是资金成本。在这种情况下我们就需要知道GE Capital在日本以日元为基础长期筹集资金时的资金成本。幸运的是，作为一家综合证券公司，高盛内部就有从事公司债券承销的部门，我只要去债券部门打听一下就能大致上推算出GE Capital的资金成本。

我经过推算得知，当时GE Capital的资金成本与日本国债基本相同，在1%左右。在总资产8 700亿日元不变的前提下，如果日本租赁的贷款利率降低到1%，那么日本租赁的资金成本就是8 700亿日元的90%的1%等于78亿日元。这样一来，日本租赁的税前利润就变成了292亿日元，净利润变成了169亿日元，ROE就是169÷890=19%。

只要将8 700亿日元的账面资产稍微降低一些，就可以将日本租赁的ROE提高到20%以上，至于降价的幅度完全可以用逆推法计算出来。计算过程在此省略，答案是大约2%。也就是说，GE

Capital很有可能以日本租赁8 700亿日元的账面价格降低2%之后的价格收购日本租赁。

各怀鬼胎的谈判对手

先说结果，最终GE Capital还是以账面价格收购了日本租赁完全健康的租赁和分期债权资产。虽然2%看起来只是个小数字，但8 700亿日元的2%可是174亿日元，这个数字就很庞大了。为了迫使对方以账面价格成交，我们在谈判过程中付出了巨大的努力。最后的结果也算对得起我们得到的项目成功的报酬。

虽然GE Capital是美国公司，但这次却来了一个人数庞大的谈判团队。在谈判进入关键阶段的时候，我们每天都从早晨9点开始一直讨论到晚上8点。至于为什么最晚到晚上8点就要结束，是因为他们在8点结束讨论后需要稍作准备，等到晚上10点左右正是纽约时间的上午9点，他们要将当天的谈判内容逐一向总部进行汇报，然后听取总部对第二天谈判的指示。这感觉和日本的企业十分相似。

美国的大型企业在并购的时候大多是公司的几名高层进行谈判后就做出一切决定。比如前文中提到的戴姆勒与克莱斯勒进行谈判时，听说就是施伦普与伊顿直接对话，除此之外还有两家企业的首席财务官（CFO）以及另一名高层干部，以及双方各自的顾问团队，总共加起来也不到十个人。

合并是决定两家企业命运的重大事项，仅凭几名高层干部做出判断恐怕有考虑不周之处。戴姆勒与日产进行谈判的时候，戴姆勒方面就派来了一个庞大的谈判团队，而且频繁地与斯图加特的总部联系，听取总部的意见。

因此从这一点上来说，GE Capital的做法倒是没有什么特别奇怪的地方。但要是参与谈判的美国人多起来，就会出现一个问题。那就是每一个美国人都为了展现自己而做出一些毫无意义的努力。戴姆勒的德国人团队虽然人数也很多，但他们的行动比较统一，大家都是作为一个团队和整体来行动，因此完全没有这样的问题。但美国人就不一样了，这些美国人都希望能够借助这次谈判展现自己"过人的才华和能力"，有助于他们回去以后升职加薪。正因为这些谈判对手各怀鬼胎，所以谈判过程中总是出现各种各样的问题。

比如某一天，一个前一天刚加入谈判团队的GE Capital的中年人似乎对之前我们之间达成的共识都不满意。于是，他针对日本租赁的某个软件资产提出"这个软件是5年多以前制作的，现在已经毫无价值，我们不会按照账面价格出价"。这个软件是对全部租赁业务进行管理的软件，如果没有这个软件那么整个租赁业务都将陷入瘫痪。不过这个软件确实从开发至今已经过了很多年头。日本租赁方面的成员全都望向我，意思是"该财务顾问出马了"。于是，我针对这个由COBOL语言（商用编程语言）写成的软件的出售价格做出了如下的回应。

"请听我说。我们现在给出的价格只是账面价格（20亿～30亿日元）。但如果贵公司不接受这个价格的话，那我们下次提出的就是重新编程的价格。这个程序由××模块组成，如果是委托第三方从零开始开发用COBOL语言编写出的软件，一个模块的单价大约为××日元。因此，重新编程的价格应该在100亿日元以上。我再强调一遍，我们现在给出的只是账面价格，如果贵公司不接受这个价格的话，那么我们将按照现在的市场价重新给出评估价格。如果贵公司不想用我们提供的软件，也可以自己开发一个具有类似功能的软件。当然，花费肯定不会低于100亿日元。"

本打算以此为理由压价的那位美国中年人勃然大怒，恶狠狠地说道："我们不会为这个软件出一分钱。"

不过，他的同伴几乎都支持按照账面价格收购。胜负在一瞬间就见了分晓。我之所以能够在一瞬间做出如此有力的回击，是因为我想起上大学的时候有同学兼职用COBOL语言给某企业制作了一个管理软件，获得了非常丰厚的报酬。当然，关于模块数量等关键信息，也多亏了日本租赁的工作人员及时告知我。

意料之外的麻烦

为了让谈判对我方更有利，法院和重建财产管理人下了很大的功夫。一般来说，与美国企业进行谈判时，即便谈判地点在日本国内，谈判双方也会用英语进行交流，而且合同原件也都是用英文制作，久而久之这就成了一种约定俗成的做法。但是由于这次的项目是在日本法院的监督下进行的，因此谈判过程与所有资料的原件都要使用日语。

在通常情况下，应该是我们用英语和美国人进行谈判，然后将谈判内容翻译成日语转达给法院和重建财产管理人，但在本案这种情况下所有的交流都是用日语，美国方面则需要将日语翻译成英语然后再与我们进行谈判。

对于美国方面来说，本来谈判地点在日本就已经失去了地利，再加上交流时的官方语言是日语，局势对他们就更加不利了。

但因为"本项目必须在得到日本法院允许的情况下才能进行，而日本法院只接受日语，所以只能用日语交流"，美国方面根本无法提出反对意见。这样的谈判方式确实是给我们提供了非常有利的谈判环境。

本项目还有一个非常麻烦的地方，那就是GE Capital不肯购买日本租赁的任何股份，坚决要求只进行业务转让。毕竟日本租赁是因为不良债权而破产的企业，一旦收购该公司的股份，保不准今后还会出现什么问题。对于一向小心谨慎的GE Capital来说，提出这样的要求也是理所当然的。但要将价值8 700亿日元的租赁合同全部进行业务转让，就像前文中NTT Personal的项目中提到过的那样，需要征得所有合同对象的同意。

日本租赁本身的业务对象数量就非常庞大，要让所有合同对象都同意进行业务转让是一项极其繁杂的作业，而比日本租赁更麻烦的是日本租赁汽车。从名字就能看出来，这是一家提供汽车租赁业务的企业。一般来说，汽车租赁时汽车检查证上的"所有者"一栏写的是出租方（租赁公司），而"使用者"一栏上写的则是租赁方。当租赁期满之后，双方会按照合同约定选择租赁方归还或者直接买下车辆，然后相应地修改汽车检查证上的所有者和使用者。

那么现在存在的问题就是，如果日本租赁汽车将汽车租赁业务进行转让，那么在转让的同时就需要将汽车检查证上"所有者"全都从原企业（日本租赁汽车）变更为收购企业（GE Capital）。要想变更汽车检查证上的所有者，就需要带着汽车检查证原件、原所有者的授权书和印章证明、近几年的汽车税纳税证明书等材料，到日本各所属地区的陆运事务所办理手续。

由于办理手续必须带汽车检查证原件，那就需要从所有的租赁方手中收取汽车检查证一段时间。这样一来，如果租赁方在此期间继续驾驶租赁的汽车就属于无证驾驶，违反《日本道路运输车辆法》第66条第一项的规定，将会被处以50万日元以下的罚金，而一旦遭到逮捕，甚至还会面临刑事处罚。

在这种情况下，想收取所有租赁方手中的汽车驾驶证可以说是完全不可能的。面对这个完全无法解决的难题，就连一向行事谨慎的GE Capital也不得不选择直接收购日本租赁汽车的全部已发行股票，也就是通过股票交易来实现收购。并购项目一旦进入实际执行阶段，总是会出现类似这样的意料之外的麻烦事。

名为法院的神奇领域

经过三番五次折腾，双方终于接近达成共识。GE Capital拥有丰富的并购经验，所以并没有聘请财务顾问，不过每天谈判结束后他们都会返回自己法务顾问的事务所，通过电话会议与纽约总部进行商议。我们的雇主是东京地方法院。重建财产管理人如果没有法院的许可也无法做出任何决定。于是，我们在每天谈判结束后都要向东京地方法院民事八部汇报。

晚上的时候法院的正门已经关闭，我们只能从后面的特殊通道进入，但要想走这个通道需要办理复杂的手续。幸运的是，我们团队内的一名经理拥有日本的律师资格。在我们需要走特殊通道的时候，这位经理就戴上律师徽章，其他成员则作为他的随行人员跟在后面。来到特殊通道入口处，那位经理只需要出示律师徽章，门口的守卫就会让我们进去。由此可见，法院和律师之间的关系确实挺不错的。

坐电梯来到民事八部，事务官就会出来带我们前往会议室。法院的会议室和普通的会议室稍微有些不同。法院的会议室有两个出入口。事务官示意我们从官方人员出入口旁边的另一个出入口进去，大概这是非官方人员出入口。

虽然我们每次来的都是同一批人，但事务官仍然每次都会向我们所有人征收名片，然后将名片复印三份，按照我们的座位顺序放在对面的三个座位跟前。

当我们全都坐好，三份名片复印件也放好之后，另一个出入口的大门缓缓打开，三名法官走了进来。

"起立。敬礼。请坐。"

事务官用庄严的声音宣布，我们也按照他的指示起立，深深地鞠了一躬，然后坐下。经过这一系列的仪式之后，我们终于可以开始汇报当天的谈判内容。现在回忆起来，这真是非常有趣的经历。

1999年1月23日，东京地方法院宣布，同意日本租赁将租赁和分期业务以业务转让的方式出售给GE Capital，同时将日本租赁汽车的全部股份出售给GE Capital。虽然这个项目从实际开始谈判到结束只有短短3个月的时间，但是我经历的所有项目中日程安排最紧、耗费精力最多的一个项目。

在签署最终合同的那一天，重建财产管理人办公室应NHK（日本广播协会）的要求允许他们前来拍摄我们去法院领取书面许可的场面。结果我也在NHK电视台的专题报道里露了一下脸。因为我的脸只在画面上一闪而过，我以为不会有人注意到，结果有不少同事和客户对我说"我在电视上看见你了"，让我觉得挺不好意思的。

罗氏制药收购中外制药

永山治社长的远大计划

1999年前后，我同时参与了NTT DOCOMO的相关项目，TWJ与KDD的合并，DDI、IDO、KDD的三家企业合并，还有戴姆勒收购日产汽车的项目（没有成功），每天都非常繁忙。2000年，我又参与了戴姆勒投资三菱汽车的项目，一直没有时间休息。

2000年末，我在入职高盛11年后升任合伙人董事总经理（PMD）。但就在前一年（1999年），高盛已经从合伙人公司改组成为股份公司并且公开发行股票，因此我即便成了PMD也无权将公司的税前收益变成我的个人所得。我只能靠完成项目来获得报酬，用英语来说就是"Get a deal and make it done！"（达成协议并完成交易！）。

到头来我还是要为了获得客户的一句"多亏聘请了你们高盛"

而马不停蹄地奔波于世界各地，忙碌的生活没有发生任何变化。

成为PMD的第二年，我再次同时参与多个大型项目，坦白地说这种状况对身体健康十分不利。那段时期的项目中给我留下最深刻印象的就是2001年12月10日公布的，当时排名世界第12的医药企业罗氏，收购当时日本排名第10的医药企业中外制药50.1%股份的项目。

这个项目的特别之处在于，提出收购请求的并非收购方罗氏而是被收购方中外制药。日本的企业主动要求出售自己的情况可以说非常少见。与日产汽车和三菱汽车不同，中外制药在2000年3月期的合并销售额高达1 995亿日元，合并营业利润为300亿日元，属于业绩优秀的企业。虽然与武田制药和第一三共、山之内制药这样的大型制药企业无法相比，但中外制药在日本国内拥有好几种自主研发的主力产品，还在1989年斥资1亿美元收购了美国的检测药物生产企业Gen-Probe（基因探针公司），该公司在基因探针技术领域处于世界领先水平。

为什么经营业绩如此优秀的中外制药想要出售自己呢？原因在于当时担任社长的永山治有一个非常远大的发展计划。永山社长于1971年进入日本长期信用银行就职，后来成为中外制药创始人家族上野家的女婿而于1978年入职中外制药，1992年成为社长。他还曾经担任日本制药工业协会会长，是医药品行业的知名管理者之一。他对中外制药在日本排名第10的成绩并不满意，一心想与日本排名第1的武田制药争个高低，因此在经营上充满了"侵略性"。

但要想实现他的理想，仅凭中外制药自己的力量是远远不够的，因此他打算与全世界排名前10的大型制药企业进行资本合作。这样一来中外制药能够获得更加充足的研究经费，可以开发出更丰富的新药品，投资方可以利用中外制药强大的销售网络来占领日本市场，而中外制药则可以将研究开发出的新药品卖向国际市场，对于双方来说这将是一次双赢的合作。

但永山社长担心中外制药被海外的大型制药企业全资收购的话会失去自主性，使多年来培养出来的强大销售网络和开发实力受到影响。为了保持一定的独立性，永山社长希望投资方只收购中外制药50.1%的股份，维持中外制药上市公司的地位。

罗氏的成功经验

世界顶级制药企业在国际市场上拥有很高的市场占有率，但一到日本市场就连前10位都排不进去。它们的产品开发实力与日本企业相比毫不逊色，有些甚至在日本企业之上，所以问题肯定不是出在产品本身。那么问题就一定出在销售渠道上。

从这个意义上来说，世界顶级制药企业打开日本市场最好的办法，就是收购一家拥有强大销售网络的日本大型制药企业。但欧美的大型企业都是唯资本论，收购企业绝对不能只收购50.1%的股份。因为被它们收购的企业将拥有其产品在日本市场的独家销售权，业绩自然会得到提升，但这些收益之中的49.9%都要分给其他股东，这从经济学的角度上来说是完全非理性的。在能够保证获得收益的前提下，外国制药企业收购日本制药企业的全部股份才是最合理的做法。

永山社长依次走访了全世界排名靠前的大型制药企业，但没有一家大型制药企业愿意接受永山社长"只收购50.1%的股份，维持中外制药上市公司地位"的条件。就在几乎放弃的时候，他在瑞士的巴塞尔得到了幸运女神垂青。巴塞尔当时拥有两家大型制药企业，一家是当时世界排名第8的诺华，另一家则是与其一河之隔的罗氏。诺华对永山社长的提议并不感兴趣，于是他又来到罗氏。罗氏在大型制药企业之中属于比较特殊的一个，霍夫曼家族和奥里家族这两大创始人家族拥有罗氏超过半数的表决权，因此罗氏在经营上有着非常浓重的家族企业风格。

不过当时担任罗氏CEO的弗朗茨·胡沫并不是这两大家族的成员。他对永山社长的提议表现出了浓厚的兴趣。这也是有原因的。罗氏曾经从1990年开始陆续收购了美国一家名叫基因泰克（Genentech）的生物科技公司56%的股份，维持了该企业的上市地位。虽然当时罗氏也想收购这家企业的全部股份，但如果那样做的话恐怕会损害这家初创企业的创新精神，使其失去应有的活力和竞争力。

更具体一点来说，如果将其变成自己的全资子公司，那么该公司的重要人才就无法获得公司的股份期权，也无法在将来公司取得巨大成功的时候得到巨额的收益回报。只有让这种初创企业维持一定的经营独立性，才能使其产生不断进取的动力。

罗氏的这一方针取得了巨大的成功。2009年罗氏收购了基因泰克剩余的44%股份将其变成自己的全资子公司，但此时的基因泰克已经发展成为总市值高达1 064亿美元（因此44%股份的价值为468亿美元）的大型生物科技企业。1990年罗氏收购基因泰克56%股份时支付的价格大约为40亿美元（换算成100%股份的话，基因泰克的市值大约71亿美元），也就是说基因泰克的总市值在20年的时间内增长了大约15倍。

或许有人认为罗氏从一开始就应该收购全部股份，这样能够获取更大的收益。但实际上基因泰克正是因为保住了上市公司的地位才能够取得如此巨大的成功。值得一提的是，罗氏并没有在1990年的时候一口气收购基因泰克56%的股份，而是分阶段地逐步收购了56%的股份。对罗氏的CEO胡沫来说，收购基因泰克的成功经验使他对永山社长"只收购50.1%的股份，维持中外制药上市公司地位"的条件很感兴趣。可以说，两人一拍即合。

总共2 100亿日元的项目给了700亿日元的报酬？

虽然双方的最高领导人达成了基本协议，但除了"收购50.1%的股份，维持上市公司地位"之外没有其他任何具体的决定。在这种状态下，罗氏决定聘请财务顾问，高盛立刻前去应聘。

2001年初，我和高盛伦敦分公司负责罗氏项目的PMD一起前往位于巴塞尔的罗氏总部应聘财务顾问，并且幸运地被罗氏选中。

顺带一提，当时和我搭档的这位伦敦分公司PMD，是高盛前CEO约翰·L.温伯格的侄子皮特·温伯格。

皮特·温伯格后来辞去高盛的工作与华尔街的传奇银行家乔·佩雷拉成立了佩雷拉·温伯格公司。

这家公司因为被奥林巴斯利用谎报财务数字而广为人知。2011年，奥林巴斯出资2 100亿日元收购英国医疗设备生产企业Gyruss（居鲁士），当时担任奥林巴斯财务顾问的就是佩雷拉·温伯格公司。奥林巴斯宣布支付给他们的顾问报酬为700亿日元。但一个总共2 100亿日元的项目怎么可能给700亿日元的成功报酬呢？这个项目的背后显然存在着不正当操作。当时负责奥林巴斯审计的会计师事务所竟然没发现这个问题，实在是让人难以置信。

Capital Group收购中外制药20%股份

话题再回到罗氏和中外制药的项目上来，虽然双方的最高领导人达成了基本共识，但要想实现这一目标需要解决两个难题：一个是就收购价格达成一致，另一个是应对美国反垄断执法机构的要求。

因为"只收购50.1%的股份，维持中外制药上市公司地位"的条件将被明确地写在合同上，所以最重要的问题就是收购价格。罗氏在日本拥有一家名为日本罗氏的销售公司。罗氏在收购中外制药50.1%的股份时，不能只收购中外制药的第三者分配增资，还需要让尚未上市的日本罗氏与中外制药合并。那么如何确定日本罗氏的股票价格就非常关键。

在罗氏收购中外制药50.1%的股份的时候，中外制药想给普通股东一些卖出股份的机会，因此希望罗氏能够公开收购5%的股份。这样一来，罗氏就需要通过三种方法来获取中外制药50.1%的股份，分别是合并、购买新发行的股票以及收购已公开发行的股票。

除此之外，中外制药还发行过一部分拥有新股预约权的公司债券（这是2002年商法修改之前的说法，准确地说应该是可转换债券），将来如果这些可转换债券行使转换权利的话，罗氏所持的股份可能会被稀释，所以罗氏也需要购买一定份额的可转换债券。如果算上这部分的话，罗氏收购中外制药就要使用四种方法。

其中最难解决的是日本罗氏与中外制药的合并比率。之所以这个问题最难解决，是因为当时中外制药的股价出现了巨大的波动。这个项目从2001年初开始谈判，到2001年12月10日正式宣布并签署合同，持续了差不多一年的时间。就在这一年时间的前半段，也就是从2001年1月到6月这6个月间，美国的投资机构Capital Group（美国资本集团）竟然陆陆续续从市场上购买了中外制药20%的股份。Capital Group同时还购买了盐野义制药和英国阿斯利康各20%的股份。

Capital Group既不是像KKR[①]集团那样的并购基金，也不是像

---

① KKR集团，全称为科尔伯格·克拉维斯·罗伯茨（Kohlberg Kravis Roberts）集团，是全球著名的私募股权投资机构，主要从事产业投资，历史悠久，经验丰富。

Steel Partners①那样的"绿票讹诈犯②"，只是一个以分散投资为主的普通投资机构，为什么偏偏在这个时候集中收购个别几家制药企业的股份呢？这完全是当时Capital Group医药品行业负责人的战略决策，绝对不是因为我们走漏了风声。

塩野义制药当时即将发售一种治疗高脂血症的特效药，如果这款新药顺利投放市场，塩野义制药的业绩或许会出现爆发式增长，所以Capital Group收购塩野义制药的股份算是一种"赌博"。阿斯利康这边则要从头说起，1995年葛兰素与威康两家英国制药企业合并成为葛兰素威康，1999年瑞典的阿斯特拉与英国的捷利康合并成为阿斯利康。2000年葛兰素威康又与英国的史克必成合并成为葛兰素史克。因此，Capital Group认为接下来阿斯利康也会有所行动，所以才大量购买阿斯利康的股份。

日本罗氏的股价评估问题

但中外制药既没有新型药物问世，也没有（走漏）并购的动向，非要说个原因的话，可能是美国Gen-Probe公司的高速发展引起了Capital Group的关注。这次Capital Group算是押对了宝。Capital

---

① Steel Partners（钢铁伙伴对冲基金），是一家全球性的多元化控股公司，主要通过他们的附属公司、相关公司和其他公司从事多元化业务。

② 绿票讹诈（Greenmail）是由green（美元的俚称）和blackmail（讹诈函）两个词演绎而来的，指的是单个或一组投资者大量购买目标公司的股票。其主要目的是迫使目标公司溢价回购上述股票（进行讹诈）。

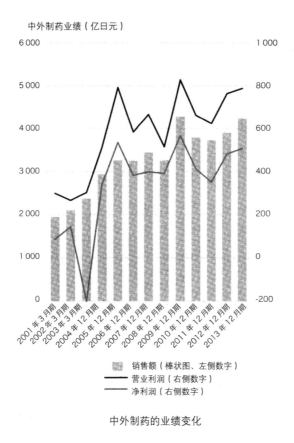

中外制药的业绩变化

Group长达6个月的连续收购，使中外制药的股价从1月份的1 080日元飙升到6月份的2 200日元，而同一时期日经平均股价则从19 500日元降低到了17 400日元。由此可见，中外制药的股价波动十分异常。

如果以2 200日元的股价来计算中外制药的市盈率的话，大约为2001年3月期预计净利润的42倍。同一时期，山之内制药和卫材制药等大型制药企业的市盈率都在30倍左右。从这一点上来说中外制药的股价也是不正常的。就像DDI、IDO、KDD三家企业合并时KDD的股价一样，被并购企业的股价完全偏离了合理的范围。

由于这次的股价异常有非常明确的原因，因此我们完全有理由提出"不能按照现在的股价来进行评估"的要求，但正如前文所说的那样，股价就是股价。况且中外制药的股价在飙升后一直维持在高点，并没有下跌的趋势，如果我们完全无视当前股价进行评估，恐怕中外制药也不会接受。于是，我们只能采取"以其人之道还治其人之身"的办法。具体来说，就是提出"我们认可中外制药的股价，但与此同时，日本罗氏的股票价值也不低"。

幸运的是，我们提出的这一点并非毫无根据。当时罗氏著名的抗流感药物达菲刚好于2001年2月在日本发售。日本罗氏在2000年12月期的销售额为657亿日元，营业利润在96亿日元左右，而中外制药2001年3月期的销售额为2 030亿日元，营业利润为302亿日元。也就是说日本罗氏的规模相当于中外制药的二分之一。但经过谈判之后，我们成功地让中外制药认可日本罗氏的价值相当于中外制药的三分之二。

我不能透露谈判的具体过程，总之就是对达菲未来的市场发展情况表示乐观的态度，然后反复地强调这一点。后来，达菲对中外制药的业绩提升确实做出了巨大贡献，中外制药的营业利润从2001年3月期的302亿日元迅速增长到2005年12月期的791亿日元。我敢说这个项目对中外制药和中外制药的普通股东来说绝对是一笔非常划算的买卖。

不仅中外制药，罗氏也在国际市场上取得了飞速的发展，截止到2016年，罗氏面向医疗单位的医药品销量已经达到世界第二位。但取得这个双赢结果的过程可一点也不简单。我们从2001年初就与中外制药方面的财务顾问不断地进行谈判，但一直没能达成共识。

用日本罗氏的股票价值来打比方（以下都是虚构的数字），我们最初提出的价格是7 000亿日元，中外制药方面给出的价格则是1 000亿日元。经过几个月的谈判之后，对方第二次给出的价格是1 200亿日元，我们给出的价格则变成了6 800亿日元。但接下来谈判就陷入了僵局，再也没有取得任何进展。不过经过这段时间的谈判之后，我们对双方可能达成共识的价格已经有了一定的把握。

2001年深秋，这个项目终于迎来了罗氏的CEO胡沫与中外制药的永山社长直接面对面谈判的时刻。高盛的顾问团队在双方最高领导人会谈的前一天专程赶往胡沫在大仓酒店的套间召开作战会议。我先用图表介绍了谈判过程中对日本罗氏的价值评估过程，又介绍了双方都对最初的价格做出200亿日元让步的现状，最后我给出的建议是，如果双方能够达成一致，那么这个价格应该是双方最初提出价格之和的一半，也就是（7 000+1 000）÷2=4 000亿日元。

当时中外制药的总市值在6 000亿日元左右，所以日本罗氏的价值就相当于中外制药的三分之二。中外制药的顾问都是一些顽固的家伙，为了争取到哪怕一丁点的有利条件也会拼尽全力。尽管谈判充满了困难险阻，但我们知道永山社长非常想促成这次的合作，而且除了罗氏之外也没有其他企业愿意接受"收购50.1%的股份，维持上市公司地位"的条件，所以只要我们提出一个对双方来说都算公平的提案，那么永山社长一定会接受的。

事实上，胡沫和永山社长在第二天的会谈中确实以我们提出的价格基准达成了协议。中外制药聘请的财务顾问好像是J. P. 摩根，想必这次的结果一定很出乎他们的意料。

与美国反垄断执法机构谈判

这个项目的另一个难题出在Gen-Probe公司身上。随着罗氏与中外制药谈判越发深入，这个问题也逐渐浮上水面。中外制药在1989年收购的Gen-Probe公司是分子生物学检测方法创始公司之一，但在血液筛查方面使用的是和罗氏同样的技术。这就有可能触犯美国的反垄断法。

果然不出所料，就在两家企业前往美国反垄断执法机构进行事前审查的时候，被告知除非中外制药和罗氏其中之一放弃利用核酸扩增检测的业务，否则不能批准两家企业合并。但当时双方已经基本达成共识，马上就要宣布合并的消息。关于这个项目的执行，还需要经过以下步骤。

① 提前偿还一部分中外制药发行的可转换债券；

② 日本罗氏与中外制药合并；

③ 罗氏公开收购中外制药5%的股份；

④ 根据公开收购的结果，中外制药向罗氏进行第三者分配增资，使其所持股份达到50.1%。

上述步骤需要9～10个月完成。因此，如果中外制药想要将Gen-Probe公司出售的话，也必须在10个月内完成。

一般来说，愿意主动出售自己的企业并不多，因此在并购的时候卖方往往比买方更为有利。但这是在卖方有权拒绝交易的前提下。像中外制药这种必须在有限的时间内卖出去的情况，那就变成对卖方非常不利了，买方很有可能趁火打劫，以此压价。

于是中外制药选择了一个前所未有的方法，那就是将Gen-Probe公司的股份以"有偿减资股东分配"的特殊手段来进行处理。这种将全资子公司的所有股份一次性分配给自己股东，彻底切断资本联系的方法被称为分拆。这种重组方式在欧美十分常见，只要满足一定的条件就可以不必缴纳税金。但当时日本在这方面的税收制度尚不完善，所以中外制药不得不缴纳税金。

收到Gen-Probe公司股份的中外制药股东需要缴纳收益税，而放弃Gen-Probe公司股份的中外制药需要缴纳转让税。尽管被迫缴纳双份税金，但中外制药还是选择了这种全程可控的方法。我认为中外制药的这种做法是正确的。分拆出去的Gen-Probe公司立即在美国的纳斯达克市场上市，上市后的总市值比预计值更高，2002年9月上市后的总市值大约为3.5亿美元。后来，Gen-Probe公司的股价平稳上升，1年后的总市值已经达到13亿美元。拿到Gen-Probe公司股票并且一直持有的中外制药股东一定会感到非常高兴。

NKK 与川崎制铁的对等合并

钢材价格的大幅降低与削减成本的要求

与罗氏收购中外制药的项目几乎同时，我还参与了另外一个项目，那就是日本钢管（NKK）与川崎制铁合并。这个项目从双方正式宣布合并的2001年4月13日开始。在宣布合并时，双方并没有公布合并比率，这也是日本企业的普遍做法。

当时，全世界的钢铁行业都处于低迷的状态。在美国，排名第3的内陆钢铁公司在1998年被排名第2的林-特姆科-沃特（LTV）钢铁公司收购；但到了2000年12月，LTV钢铁公司也宣告破产；2001年10月，排名第4的伯利恒钢铁公司破产；2003年3月，美国国家钢铁公司也宣告破产。在美国的六大钢铁公司中，只剩下排名第6的美国AK钢铁公司和排名第1的美国钢铁公司（US钢铁）仍然幸存。

在欧洲，钢铁企业开始为了生存而选择合并：1997年，德国排名第2的蒂森收购了行业排名第1的克虏伯，两家公司合并成为蒂森克虏伯。1999年，英国钢铁公司与荷兰的霍戈文钢铁公司合并组成考罗斯集团；2002年，法国的优基诺、卢森堡的阿贝德、西班牙的塞雷利三家企业组成阿塞洛集团。

在亚洲，印度伊斯帕特工业有限公司的创始人穆翰·米塔尔的长子拉克希米·米塔尔自从进军印度尼西亚之后，在20世纪90年代连续收购了墨西哥（1992年，2.2亿美元）、加拿大（1994年，1.9亿美元）、美国（1998年，14亿美元）等地经营陷入困境的钢铁生产企业，使他创立的米塔尔钢铁公司飞速发展，2000年时粗钢年产量达到1 990万吨，排在世界第5位。

在全世界的钢铁企业合纵连横的同时，钢铁的需求方和原料供应方也开始了重组。首先看需求方，戴姆勒与克莱斯勒合并，雷诺与日产联盟，通用汽车（收购沃克斯豪尔、萨博以及五十铃等）和福特（收购沃尔沃、马自达等）则通过收购其他汽车企业实现寡头垄断。再来看原料供应方，在铁矿石行业排名第2的澳大利亚力拓集团于2000年收购澳大利亚的北方有限公司，一跃成为该行业的第1；在煤炭领域，英国英美资源集团于2000年收购壳牌煤炭，实现了资源重组。

与需求方和原料供应方迅速重组相比，钢铁生产企业重组的动作就显得过于迟缓。1990年，全球钢铁领域排名前3的企业的市场占有率为9%，而到了2001年这个数字只增长到了10%。由于对市场没有足够的话语权，钢铁企业面对从20世纪90年代开始的国际钢材价格持续下跌的趋势拿不出任何有效的对策，只能坐以待毙。如果将1990年的价格水准比作100，那么2000年作为钢铁最终产品之一的汽车的国际价格水准下降到94左右，作为原材料的铁矿石的价格下降到90左右，都是小幅降低，而钢材的价格则大幅下降到57左右。

在这种状况下，雷诺于1999年收购日产汽车之后，担任 COO（后来成为CEO）的卡洛斯·戈恩为了使日产汽车起死回生，立即采取了削减成本的行动。作为削减成本的一环，戈恩要求钢铁供应商也要大幅降低供应价格。这一要求使主要为日产汽车提供钢材的NKK产生了巨大的危机感。由于新日本制铁等企业积极配合日产汽车的要求，结果抢走了许多NKK的市场份额。

戈恩的举措很快就取得了效果，日产汽车的利润迅速开始恢复。见此情景，丰田汽车也开始要求钢铁供应商削减成本。紧接着，铃木等其他汽车生产企业，松下电器、三菱电机等电器生产企业甚至造船业都纷纷效仿，要求钢铁生产企业削减生产成本并将市场份额集中到排名靠前的企业上。结果，排名日本第2和第3的NKK与川崎制铁决定通过合并获得能够与新日本制铁一较高下的经营规模，使自己能够在越发激烈的竞争中生存下来。

套利者与长线投资者一喜一忧

在上述背景下，又经历了许许多多波折，时任NKK社长的下垣内洋一和时任川崎制铁社长的江本宽治终于达成一致决定合并。如果是欧美的上市企业计划合并的话，在最高领导人达成一致意见以后，双方企业的CEO、CFO以及其他高层干部将召开会议针对合并比率以及合并后新公司的名称等问题达成基本共识，然后双方才会正式宣布合并。

但日本企业在决定合并比率的时候必须经过非常细致的讨论才行，而这样细致的讨论仅凭社长和CFO是无法完成的，在绝大多数情况下都需要双方企业各派出几十名高层干部和相关人员召开会议并展开讨论。但这样一来，由于参与项目的人数过多，就难免会泄露消息，导致新闻媒体发布不实报道。

但即便新闻媒体发表的是"不实报道"，只要被媒体曝光两家企业即将进行"合并"，那么在当事双方企业对这一消息发表正式回应之前，两家企业的股票往往会被临时停牌。日本大企业的管理者都对股票停牌非常反感，可能是觉得"自从企业上市以来从未发生过的事情竟然出在我的身上"会让自己很没面子。

事实上，与临时停牌半天时间相比，不公布合并比率就正式宣布合并，反而会给长期持有该企业股票的普通投资者带来更大的麻烦。因为从两家企业宣布合并到公布合并比率的这段时间内（一般需要几个月），这两家企业的股票价格就成了不确定因素。投资者由于无法确定这两家企业的股票价格在合并后究竟是会上涨还是会下跌，因此就不敢进行买入或者卖出的操作，只能一直持有。

但与此同时，套利者则会利用这一时期买入或者卖出当事企业的股票，以此来赚取利润。但这些套利者只会短线持有企业的股票，属于企业最不喜欢的投资者类型。这样的结果就是对企业发展有利的长线投资者陷入左右为难的境地，而套利者却可能趁此机会大赚一笔。

事实上，在NKK与川崎制铁召开合并比率谈判启动会议的时候，双方人员在NKK总部的会议室齐聚一堂，除了两家公司的各30名成员之外，还有双方的财务、法务以及会计顾问各20人左右，也就是说两家企业加起来参加这次会议的人数多达100人。50余名川崎制铁的相关人员一起来到位于大手町十字路口的NKK总部门前，任谁看见都会知道这里面肯定有内情。因为根本无法隐瞒消息，所以日本的大企业一般都会提前宣布合并的消息。

NKK出售濒临破产的美国子公司

双方在宣布合并之后，接下来的工作就是选聘财务顾问。当时所有人都知道日本的钢铁生产企业存在合并的趋势，因此我们和其他同行早就与NKK和川崎制铁取得联系了。后来在几家投行的顾问竞争中，我们很幸运地被NKK选为财务顾问。

当时是2001年5月，我们用了7个月时间进行了艰苦卓绝的谈判，终于使双方在12月的时候在合并比率的问题上达成了共识。这个项目的特别之处在于，双方虽然都是上市企业，但各自又都有弱点。

先说NKK方面，NKK的问题在于其美国子公司美国国家钢铁。正如前文中介绍过的那样，美国的大型钢铁企业相继破产，2001年中期，有媒体报道称美国国家钢铁公司该年度的业绩将出现超过6亿美元的亏损，这导致该公司的母公司NKK的股价出现大幅下跌。

在NKK与川崎制铁宣布合并的4月份，两家企业的总市值比率为49比51，非常接近50比50，完全可以实现对等合并。但到了2001年10月，这个比率就变成了39比61，不符合对等合并的条件。就在这个时候，NKK做出了壮士断腕般的决策。2001年11月，NKK决定将濒临破产的美国国家钢铁公司出售给美国最大的钢铁企业——美国钢铁公司。

这个消息一经报道，市场立刻恢复了对NKK的信心，于是NKK的股价开始迅速回升。虽然出售美国国家钢铁公司使NKK出现了200亿日元的亏损，但与美国国家钢铁公司完全脱离关系之后，市场就不再担心NKK的利润会受其影响出现下降。总体而言，这对NKK来说是个正确的选择。

NKK与US钢铁正式宣布这次交易是在2001年12月9日。仅仅过了2周之后的12月21日，NKK与川崎制铁就正式公布了合并比率。这绝对称得上是千钧一发。

川崎制铁给存在退市风险的关联企业提供资金援助

川崎制铁方面也有令人头疼的问题。2002年2月22日，川崎制铁宣布将向关联企业川铁商事提供345亿日元的资金援助。川崎制铁拥有川铁商事22.6%的股份，后者承担了川崎制铁在日本国内钢铁物流的绝大多数业务，但由于川铁商事在短期内处理了包括不动产在内的大量负资产，因此2002年3月期将会出现509亿日元的非经营性亏损。

川铁商事在2001年9月期的合并股东资本为103亿日元，如果算上这509亿日元的亏损就会出现资不抵债的情况，很有可能遭到退市。根据当时的新闻报道，川铁商事之所以急于处理亏损，在很大程度上是由于NKK与川崎制铁双方施加的压力，不过NKK与川崎制铁对处理亏损的态度却有着很大差异。在宣布给予川铁商事资金援助的记者招待会上，川铁商事的成木宏雄社长认为"在处理完亏损之后，川铁商事将成为NKK与川崎制铁合并后的JFE（日本钢铁工程控股公司）集团的核心商社"，但NKK方面却表示"川铁商事的财务状况变得健康是件好事，但是否能够作为JFE集团的核心商社发挥作用还要看今后的发展情况"。

川铁商事的问题当时并没有公开，是NKK方面通过调查才把握了川铁商事存在巨额未处理亏损的情况。与美国国家钢铁公司存在的问题全都是公开的事实不同，川铁商事存在的问题无法确保都被公开出来了。在这种情况下，两家公司经过详细的讨论，最终决定

NKK与川崎制铁的合并比率为44.5比55.5。如果按照NKK在1个月之前、3个月之前、6个月之前的平均股价来计算合并比率的话，分别是40.7比59.3、40.2比59.8、43.1比56.9，由此可见，最终的结果对NKK来说是比较有利的。作为NKK方面的财务顾问，我对这个结果也比较满意。

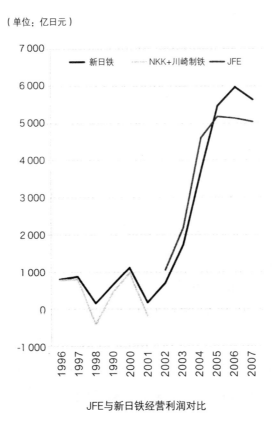

（单位：亿日元）

JFE与新日铁经营利润对比

让新日铁惊慌失措的JFE

在2001年12月两家公司宣布合并比率之后又过了10个月的
2002年10月1日，由两家企业对等合并而成的新公司JFE集团终于
诞生了。特别值得一提的是，合并之前两家企业的合计营业利润比
新日铁要低，但合并后第一期，也就是2003年3月期的结算中，JFE
的营业利润一举超过新日铁，并且将这一优势连续保持了3年。

被JFE赶超的新日铁虽然在第4年又重新夺回了日本钢铁行业排
名第1的宝座，但JFE在合并之后的很长一段时间里都保持了良好
的经营势头。不得不说下垣内和江本两位社长拥有非常优秀的经营
手腕。投资银行在企业合并后就不会再参与任何实际经营方面的事
项，这一切都是管理者的功劳。关于这两家企业合并的具体内容有
专门的书籍进行了详细的介绍，在此我也就不再赘述，简单来说可
以概括为一句话：不再考虑NKK和川崎制铁以前的事情，所有员工
都为JFE的发展竭尽全力。

两家企业在合并之后，采取了一项非常独特的举措，那就是将
两家企业课长以上的干部全部交换，比如将川崎制铁千叶制铁所的
所有课长以上干部全都调到NKK京浜制铁所，而NKK京浜制铁所的
课长以上干部全都调到川崎制铁千叶制铁所。

当NKK与川崎制铁宣布合并之后，日本除了新日铁和JFE之外
就还剩下两家大型钢铁生产企业。所谓大型钢铁企业，指的是拥有
高炉，能够利用铁矿石和煤炭来生产钢铁的企业。虽然日新制钢也

拥有高炉，但因为规模相对较小所以也称不上大型钢铁企业，那么符合条件的企业就只剩下两家，分别是住友金属工业和神户制钢。

其中神户制钢有一半以上的业务都在建筑机械等非钢铁业务领域，因此不会考虑与其他大型钢铁生产企业合并。那么仅剩下的最后一家住友金属工业，与新日铁或者JFE合并就变成了一个时间问题。2001年4月，住友金属工业与三菱综合材料宣布在硅晶圆业务上进行合作，当时高盛担任住友金属工业的顾问，我作为这个项目的主要负责人和住友金属工业的高层管理者进行了非常深入的交流。因为当时正好我也在负责JFE的项目，所以我在工作之余以个人的身份向住友金属工业的干部询问是否有兴趣将JFE的项目变成三家企业的合并。

但住友金属工业方面对我的提议似乎并不感兴趣。当时住友金属工业旗下的鹿岛制铁所的生产效率非常高，而且在不锈钢领域拥有很强的竞争力，所以他们可能觉得自己就算不进行合并也一样能够在市场竞争中生存下来。

在JFE宣告成立的2002年10月之后，随着中国经济飞速发展，全世界的钢铁价格迎来了回升。日本的钢铁行业也终于走出了戈恩带来的阴影，得到了喘息的机会。然而好景不长，2008年的雷曼危机再一次使全世界的经济都陷入低谷。最终，住友金属工业于2011年9月宣布与新日铁进行经营合并。当时我已经离开投资银行，对这个项目并不是很熟悉，但现在看来，对住友金属工业来说，或许与JFE进行三家企业合并是比与新日铁合并更好的选择。

新日铁和住友金属工业在合并后谁处于主动地位想必不用我多说了。但如果JFE变成三家企业合并的话，想让三家企业全都"一心一意为新公司努力奋斗"恐怕也很难实现。两家企业能做到的事情，三家企业在一起或许就做不到。对住友金属工业来说，与其在雷曼危机之后被迫与新日铁合并，不如在危机发生之前就防患于未然，及时地做好应对。当然，这只是我站在第三者的角度上提出一点个人意见罢了。

我想再次强调一下，本书为了尽量营造出临场感，所以会将金额等数字都具体地表示出来，但这些数字并不能保证完全准确，只是作为一种参考或者例子，为了帮助大家更好地理解当时的情况，希望不要引起大家的误会。

第五章
回顾在高盛的
14 年半

离开高盛之后的生活

40岁之前的人生规划与结果

2003年9月，我从高盛辞职，成为一桥大学的客座助理教授。这样的职业规划早在我入职高盛的头两年就已经考虑好了。我在入职高盛之前，也就是20多岁的时候，给自己制定了一个大致的人生规划，包括20～29岁、30～39岁、40～49岁、50岁以后每个年龄段的人生应该达成哪些目标。

我之所以会产生这样的想法，是因为我坚信"公司并不是个人的朋友，不会主动为个人做任何事"，"虽然公司并不是自己的敌人，但必须让自己和公司处于平等的地位"。

在这一思想指导下，我认为一个人在20多岁的时候应该尽可能多地学习知识和技能，思考自己将来凭借什么能力在社会上"出人头地"。在30多岁的时候，一个人则应该利用自己学到的知识和技能，在最能够发挥自己才华的职场之中积累经验和业绩。到了40多岁的时候，一个人凭借取得的业绩在自己所在的行业拥有相应的地位，应该尽可能多地为社会做出贡献。50岁之后，一个人最理想的状态是实现财务自由，可以从事自己喜欢的职业，做自己喜欢的事情。

因此我在20多岁的时候读了MBA，30多岁的时候进入高盛提高自己，一直到40多岁的前半段。从1987年到2003年的这段时间里，我参与的这些大型项目，尤其是DDI、IDO、KDD的三家企业合并，罗氏收购中外制药，NKK与川崎制铁的经营合并等，合并后的公司都取得了优良的业绩。另外，日本租赁的租赁业务出售给GE Capital和戴姆勒投资三菱汽车等项目也对日本的企业重组产生了深远的影响。

除了前文中介绍过的那些项目，我还参与了DDI收购Tu-Ka Phone等三家公司、三菱商事投资罗森、KDDI收购关西Cellular等7家地方移动通信企业、日立制作所与日制产业的半导体制造装置业务合并、NEC将激光打印业务转让给富士施乐、NEC与NEC东金的电子零件业务合并、日立制作所收购IBM的硬盘业务、日立制作所与三菱电机系统LSI（大规模集成电路）业务合并（排在前面的是我们的客户）等，这些都是给日本和世界的经济带来积极影响的项目。我的人生到这阶段为止可以说都在计划之内。问题是50岁之后，我应该何去何从。

在公司上班的同时利用晚上的时间讲授并购实务

对于在什么时候辞去高盛的工作，我并没有一个明确的计划。但我觉得如果在高盛一直工作20年或者30年，不说工作强度，光是办公室斗争就让我忍受不了。因此，当迈过40岁的人生门槛之后，我就知道自己应该转换到下一个人生舞台了。

就在这个时候，青山学院大学国际管理研究科在2001年成为日本第一家专门大学院，在晚间面向社会提供MBA课程讲座。2003年，文部科学省正式推出专门职业大学院制度。在这样的背景下，高等教育特别是大学院之中就不仅需要专业的学者教师，还需要拥有一定程度实务经验的人来担任教员。于是，像我这样拥有丰富工作经验的人就有了在大学院教授MBA课程的机会。

我这个人本来就对传道授业解惑很感兴趣，觉得自己很适合从事教育工作。在高盛工作期间，我深感日本的企业非常缺乏并购相关的知识和经验，在金融特别是并购领域的专家严重不足。

此外，当到了50多岁的时候，我觉得和20多岁的年轻人多交流，给他们提供帮助，也具有一定的社会意义。更重要的是，成为"大学院的老师"，与我给自己订下的50岁以后的人生目标"从事自己喜欢的职业，做自己喜欢的事情"十分接近。于是，我从30多岁的时候开始，只要一有机会就在专业杂志上发表论文。

我写的第一篇论文发表在《商事法务1336》（1993年11月）上，题目是《美国〈国内岁入法〉的强化及其对日本企业的影响》，这篇论文对《国内岁入法》163条J项对美国法人的过低资本相关规制进行了分析。1996年11月，我在《日本经济新闻》的"经济教室"专栏以《卖出海外资产，LBO[1]也是选择》为题，对并购基金成为日本企业卖出海外资产的候选对象的情况进行了分析和解说。2000年4月，我发表了题为《如何应对恶意收购？商法需要根本性改革》的论文，对美国已经普及的反收购政策进行了解说。

与此同时，1999年12月，我的第一部著作《M&A[2]成长的策略》由东洋经济新报社出版发行，书中对并购已经成为日本企业发展成长不可回避的问题进行了解说。我的努力没有白费，2001年4月，青山学院大学大学院国际管理研究科聘请我担任兼职讲师，每周进行一次授课。

春季学期，我的课程名称是"并购与企业价值评估"，主要为学生们介绍DCF[3]法、EVA[4]、市盈率法等对企业的股票价值和企业总价值进行评估的方法；秋季学期，我的课程名称是"并购体系论"，主要为学生们介绍合并、企业分割、业务转让、公开收购、股份交换等并购的执行方法，以及在不同的情况下采取哪种方法最为合适。

---

① LBO（Leveraged Buyout，杠杆收购）是企业兼并的一种方式，指公司或个体利用收购目标的资产作为债务抵押，收购目标的策略。

② M&A为Mergers and Acquisitions（合并和收购）的缩写，即"并购"。

③ DCF（Discounted Cash Flow，现金流折现）是指用资产未来可以产生现金流的折现值来评估资产的价值。

④ EVA（Economic Value Added，经济附加值），又被称为经济利润、经济增加值。公司每年创造的经济增加值等于净利润与全部资本成本之间的差额。

这些讲义的内容经过15年不断补充已经变得非常详细，尽管每年我都会根据《公司法》以及《金融商品交易法》等法律法规的改变对部分内容进行修正，但整体的框架一直沿用至今。

我在高盛工作的同时，每周一次，都要在下班后去青山学院大学进行大约90分钟的授课，一年大概要去30次（除去寒暑假）。尽管备课也要花费不少时间，但我还是对愿意给毫无教学经验的我这样一个宝贵机会的青山学院大学致以由衷的感谢。

对升职毫无兴趣

2003年，我决定从高盛辞职，离开工作了 14年半的高盛，多少也让人有些伤感。与高盛日本分公司的社长在并购顾问业务基本方针上存在严重分歧是导致我决定辞职的最主要的原因之一。关于具体的情况我不想多讲，但其中既包括究竟应该客户利益至上还是公司利益至上的思想争论，也有应该100%遵纪守法还是合理利用法律漏洞的现实问题。

我于2000年升任PMD，但两年后的2002年末我就又被降级为EMD。因为和高盛日本分公司的社长发生了争执，会出现这样的结果也是理所当然的。尽管这两年间我在工作上取得了不俗的成绩，但公司的人事全凭上司一句话，这在任何国家任何企业都是一样的。不过我本来就对升职毫无兴趣，因此即便被降职也并不在意。

高盛的PMD是评选制，首先高盛会从不同地区同一部门的PMD

中选出评价人，评价人从候选人的上司、同事以及部下处收集评价信息，然后判断候选人是否符合晋升条件，并将自己的决定整理成书面材料。这些材料会在每两年举办一次的PMD审核委员会上进行审议，决定候选人是否能够晋升。一般来说，评价人的身份对候选人是保密的，但在我被推举为候选人的时候，高盛法兰克福分公司的戴姆勒项目负责人半开玩笑半认真地对我说："我现在正收集你的评价信息。你要是想晋升的话，最好给我拍拍马屁。"

我记得自己当时做出了这样的回应："不好意思，因为报酬的高低是评价一个人工作能力优秀与否的指标，所以我对加薪很感兴趣，但对升职并没有什么兴趣。这是公司决定的事，不是我个人能够左右的。我认为个人与公司之间是平等的竞争关系。我会尽自己最大的努力为顾客提供服务。虽然从结果上来说，我这样做也会给公司带来利润，但这并非我的目的。"

"公司可以根据自己的判断对我做出评价。同样，我也会根据公司对我的评价，以平等的立场来决定自己对公司的态度。我对高盛商业原则的第一条'Our Clients'Interests Always Comes First'（客户利益至上）深信不疑。通过自己的努力工作得到顾客赏识，让顾客心甘情愿地支付给高盛报酬，这对我来说就是最大的成功。"

听完我说的话，那名德国PMD的脸上露出了非常惊讶的表情。

顺带一提，高盛还很流行一句话叫"Long Term Greedy"（关注长期利益）。

并购工作的主要收入是成功报酬，如果项目失败的话报酬就会少得多。因此，与按时间赚取报酬的会计师和律师不同，投资银行有时候会为了赚取更多的项目成功报酬而置顾客的利益于不顾，只想着如何将项目促成。

但这样做只能获得短期的利益，长此以往会失去顾客的信任，以至于顾客不愿意再次与你进行合作。高盛的做法则是"给顾客最合理的建议，这样才能获得顾客的信赖，从长远的角度来看公司也会因此受益"。

我不知道是否高盛所有的顾问都坚持这个原则，但至少我对此深信不疑。曾经有一次，我担任卖方的顾问，买方提出"公开全部信息"的无理要求，某日系银行的共同顾问建议说"给他们看吧"，但我反对说"这个买家不一定会买，很有可能只是装成要买的样子来骗取信息。我们还有其他的买家候选人，所以不应该答应对方的这种无理要求"。最终，卖方与其他的买方达成一致，对我当时的建议表示非常感谢。

还有的时候我担任买方的顾问，如果我认为基于价格以及其他原因，不应该继续进行收购，那么我就会建议买方退出，后来很多顾客都非常感谢我的建议。我认为"Long Term Greedy"（不计眼前得失，放眼长远）确实是正确的战略，每当我按照这个原则做出正确选择的时候，都会感觉到身为顾问的荣誉感。

作为"资本市场的代表"出任外部董事

2003年9月末,我正式从高盛离职,进入一桥大学任职。截止到2015年9月末,我在一桥大学工作了正好12年。从2009年4月起,我还担任了早稻田大学大学院金融研究科(2017年与经营管理研究科合并)的客座教授。2016年7月,我又得到了在庆应义塾大学大学院经营管理研究科执教的机会。

在我辞职之后,资本市场对日本的上市企业应该聘请外部董事的呼声与日俱增。2015年6月,东京证券交易所推出了《上市公司治理准则》,要求上市企业每年汇报一次遵守情况,并且在董事会内要有三分之一以上的外部董事(最少2名)。这样一来,很多上市企业都希望能够聘请像我这样拥有一定工作经验的人来担任外部董事。坦白地说,这个发展有点出乎我的意料。

我最初担任外部董事是在一家叫作Miraca Holdings(奇迹控股)的企业,这家企业主要从事临床检查药物的生产和临床检查委托的业务。其前身FUJIREBIO(富士再生)是一家临床检查药物生产企业,我还在高盛工作的时候曾经受聘于这家企业,帮助他们将面向医疗机构的药品业务出售给欧洲的企业。从2005年6月一直到2016年6月,我在这家企业担任外部董事11年。

我现在担任迅销以及博报堂DY控股的外部董事,还担任Frontier Management(前沿管理)的外部监事。在担任外部董事的时候,我认识到自己应该作为"资本市场的代表"来履行对企业的经营进行监督的职责。

　　我感觉绝大多数的外部董事都是律师、注册会计师以及大企业的管理者出身，像我这样投资银行出身尤其是拥有并购顾问经验的人非常少。因此，对于决策项目，我能够从"资本市场会对此作何反应"的角度提出自己的意见。

　　有时候我的意见十分尖锐。因为我从就任的那一刻起就做好了随时被辞退的心理准备，所以不管对方是社长还是会长我都无所畏惧。如果我认为在结算期需要减损的话，不管社长如何反对，我都会通过严谨的理论说服其他董事会成员做出减损的决定。只要我坚持从资本市场，尤其是股东的角度来思考问题，自然就会发现自己应该说什么、应该做什么。从这个意义上来说，我应该属于那种很棘手、很遭人讨厌的类型。虽然直到目前为止还没有一家企业对我说"请离开"之类的话，但或许有企业对聘请我做外部董事这件事感到后悔了。

不要期待我会妥协

　　我现在成立了一个公司形式的个人事务所，虽然不再从事并购项目的顾问工作，但有时候一些老朋友虽然找了正式的顾问还是会邀请我去帮他们提点意见，还有的项目按照东京证券交易所的规程需要成立第三方委员会，有时候会聘请我担任委员。2012 年，索尼将 So-net（索尼通信网络）变为全资子公司时，我担任 So-net 方面的第三方委员；2013年，KDDI与住友商事共同将Jupiter Telecom（木星电信）变为全资子公司时，我担任Jupiter Telecom方面的第三方委员；2014年，NEC将NEC Fielding（NEC菲尔丁）变为全资子公司时，我担任NEC Fielding方面的第三方委员；2016年，丰田汽车将大发工业变为全资子公司的时候，我担任大发工业方面的第三方委员。

不管哪一个项目，我在就任之前都会先做出这样的声明："如果你们希望最终的结果是少数服从多数，那最好不要选我做委员。我从专家的角度出发，如果认为收购价格不合适，即便其他委员都赞成，我也不会妥协。请你们考虑清楚。"

只有在对方回答没问题的情况下我才会担任委员。第三方委员会通常由三名委员组成，有时候即便其中有两名委员认为"已经没问题了"，剩下的一名委员也会要求对方继续提高收购价格。在绝大多数的情况下，企业的态度还是"希望全员能保持一致"。当我坚持自己的观点时，就相当于我手中握着决定性的一票，于是对方的财务顾问就会努力地说服我，结果我实际上变成了相当于卖方财务顾问的角色。不过我觉得这样才算真正地发挥出了我的作用。

高盛的精英们

温伯格、鲁宾、保尔森

我在高盛工作期间结识了许多精英，受到了他们不小的影响。其中有些人给我留下了非常深刻的印象，最值得介绍的就是约翰·L. 温伯格。正如我在第一章中介绍过的那样，他是我入职高盛时的CEO。只要是在高盛工作过的人，没有一个人说过他的坏话，我也一样。遗憾的是，他在2006年永远地离开了我们。

他辞去高盛CEO职位之后，在曼哈顿的公园大道上开了一家个人事务所，据说高盛后来的CEO一旦有什么问题，都会前往他的办公室咨询。温伯格从1976年到1990年的14年间一直担任高盛的CEO，即便在辞去CEO的职位之后，他也仍然是高盛的精神领袖。

我入职高盛之后和他有过一些接触，这对我来说实在是一大幸

事。相信任何一个和他有过接触的人都会有和我一样的感受 。温
伯格于1950年入职高盛，1956年就成为合伙人，1976年成为CEO，
在高盛内部只有他的称号是高级合伙人。尽管高盛并没有这样的职
位，但每一个人都很自然地用高级合伙人来称呼他。

我认为，影响力仅次于温伯格的高盛CEO是罗伯特·鲁宾。他
曾经在1993年到1995年间担任克林顿政府国家经济委员会的主任，
后来又在1995年到1999年的4年间担任美国财政部部长。鲁宾于
1964年取得耶鲁大学法律研究生学位，做了两年律师后入职高盛，
在风险套利部门担任经理。1971年，他在入职第5年的时候升任合
伙人，这恐怕创下了高盛内部升职合伙人的最快纪录。

1990年开始，鲁宾和斯蒂芬·弗里德曼共同出任高盛联名主
席。后来，鲁宾因为要在克林顿政府担任国家经济委员会主任，
所以于1993年从高盛离职。弗里德曼做了一年的单独CEO之后也
于1994年辞去了CEO的职务。弗里德曼的继任者是乔恩·科尔津，
他担任CEO一直到1998年。后来，科尔津被选为美国参议员，又在
2006年到2010年担任新泽西州州长。

我虽然没有和鲁宾一起工作过，但他来过东京，而且高盛因为
是合伙人制度，所以和其他的大型投资银行相比，下属与上司之间
的距离更近，有一种家庭氛围的企业文化。因此，在鲁宾来日本的
时候，我也和他交流过一些工作上的事情。

当时担任高盛日本分公司负责人的美国人在自己家里举办了一
场盛大的欢迎宴会，还请来了专门的寿司师傅来现场制作餐点。我

也去参加了这次欢迎宴会，并且在宴会上与鲁宾面对面地就东京的商业活动状况等内容进行了交流。鲁宾的性格很好，平易近人，同时他的思维非常敏捷，还具有雷厉风行的一面。对我来说，他就像是高高在上的天才精英，是常人非常难以企及的。

我和弗里德曼几乎没有过任何交集，不过在鲁宾离开高盛之后，据说他经常拜访温伯格位于公园大道的办公室，聆听温伯格的教诲。鲁宾和弗里德曼完全是两种不同类型的人。

说起高盛出身的美国财政部部长，那就不能不提亨利·保尔森。保尔森于1974年入职高盛，在芝加哥分公司担任负责人，主要负责中西部地区的制造业项目。摩托罗拉等企业是保尔森常年的主要客户。

1982年，保尔森升任合伙人，1990年到1994年担任投资银行部门的联名部长，1994年到1998年担任COO，1998年起与乔恩·科尔津担任联名主席，1999年成为CEO。顺带一提，高盛成为上市公司就是在科尔津辞去联名主席职务之后的事。

保尔森从2006年到2009年担任小布什政府的财政部

亨利·保尔森

部长，虽然在2008年遭遇雷曼危机，但他还是坚强地挺过来了。2008年3月，贝尔斯登危机爆发时，他动用政府资金对其进行了救助，而等到9月雷曼危机爆发时，他却没有投入政府资金进行救助，最终导致雷曼破产。关于他的这一决策，至今舆论仍然是毁誉参半。有人认为雷曼当时的总裁富尔德在行业内人缘极差，保尔森也非常讨厌他，因此才没有对其进行救助。

因为保尔森曾经是我的直属上司，所以我对他比较了解。他可以称得上是推销员中的推销员。他的言谈举止令人感到非常亲切，在公司内外都深受同事喜爱。同时他还是一个非常公正的领导者，在工作上也有严厉的一面。整体上来说，他是一个很好相处的上司，是我非常喜欢的类型。虽然不知道他对我是什么印象，但我们毕竟在一起工作过一段时间，我相信即便现在我和他偶遇，我和他打招呼的话，他也一定能认出我来。

有一种说法，这个世界上的任何一个人，只要通过5到10个相识者就能够与世界上任何人取得联系。我经常和朋友们开玩笑说，只要通过保尔森，最多再多一个人我就能够与世界上几乎所有的政治领袖取得联系。

优秀的管理者任职期间都比较长

除了前文中介绍的这些精英之外，高盛还有许许多多值得尊敬的优秀人才，也是我的良师益友。或许正因为如此，美国的金融界和政府部门才有那么多高盛出身的领导者。能够在人生的某一阶段在这样的公司里度过，对我来说不但非常值得骄傲，同时也是我宝贵的财富，堪称人生一大幸事。

在高盛工作的这段时间，我还遇到了许多其他企业的优秀领导者。比如前文中提到过的葛兰素的理查德爵士、戴姆勒的董事长施伦普、罗氏的CEO弗朗茨·胡沫等。我在项目进行期间与这些欧美著名的管理者进行了非常密切的交流。

这些欧美的优秀管理者有一个共同的特点，那就是他们并非全知全能的多面手，而是对自己企业无一不知的专家。不管多么小的一件事，他们也会亲自调查、亲自了解。同时，他们还拥有良好的大局观。日本的管理者大多是从员工一步一步走到领导岗位的，但当他们身居高位之后往往容易忽视细节。

在欧美，很多人将"管理者"作为一种职业，因此他们不可能放过任何一个细节。这也是为什么欧美成功的管理者的任职期间比较长的原因，比如GE的杰克·韦尔奇和IBM的郭士纳。当然，我遇到的那些管理者的任职期间也都在10年左右。不管是企业还是国家，如果没有优秀的人才长期担任管理者，就很难取得良好的发展。

日本的管理者

与欧美优秀管理者相比也毫不逊色的日本管理者

在高盛工作期间，我还有幸接触了许多日本著名的管理者。在DDI、IDO、KDD三家企业合并的项目中进行过交流的稻盛和夫名誉会长，可以说是无人不知无人不晓的大人物，能够和这样著名的管理者有如此近距离的接触，对我来说是非常宝贵的经历。

除了稻盛名誉会长，在DDI之中也有一位让我打从心底尊敬的管理者。这位从邮政省事务次官退任，继而出任DDI社长的人，如今仍然被我奉为人生的导师。

中外制药的永山社长立志要"让中外制药成为能够和武田制药一较高下的企业"。为了实现这一目标，他亲自走访海外的大型制药企业寻求合作。这种远大的理想和了不起的执行力让人心生敬佩。我认为只有这样管理企业才有意义。

NKK 与川崎制铁的两位社长也都是非常优秀的管理者。在两家企业合并后，他们将"全心全意为新企业努力奉献"的经营方针彻底地渗透到了新企业的每一个角落，这种执行力和指导力可以说绝无仅有。由此可见，日本也拥有许多即便与欧美相比也毫不逊色的管理者。

当然，凡事都有例外。比如日产汽车的经营危机，就和当时的管理者以及主银行不负责任的建议脱不了干系。三菱汽车持续近 20 年弄虚作假，即便遇到了纠正错误的良机也仍然不思悔改，这样的企业文化要想彻底改变恐怕非常困难。

东芝的现状也可以用惨烈来形容。2015 年末，东芝与美国最大的综合建筑公司 CB&I（芝加哥桥梁钢铁公司）针对建设中核电站预算超标的费用分摊问题对簿公堂，最终东芝决定以"0 美元"的价格收购承包该建设项目的 CB&I 核电业务子公司 S&W（石伟公司），但同时东芝也要承担该公司的全部债务。这种毫无道理的做法很难不让人怀疑这次交易的背后存在着不可告人的秘密。类似这样的情况近年来层出不穷。不只是日本，欧美也出现了"安然事件"以及"大众汽车排放门"等问题。这说明类似的情况并非日本特有。

隐藏在社会责任表象下的问题

除了上述那些特别情况之外，我认为那些努力工作的日本的管理者都是非常优秀的人才。与欧美那些将"管理者"当作职业的人不同，日本的管理者大多都是从员工一步一步走到管理岗位的，有的人甚至在同一家企业工作了30年以上，得到企业上上下下甚至外部合作伙伴的认可。除了一些百年难得一遇的天才，绝大多数的管理者都是在长期的工作中得到周围人全方位观察和认可才最终走上管理岗位的，因此这些人的"品质"绝对有保证。

更进一步说，日本的管理者，尤其是大企业的管理者都拥有荣誉感和责任感。欧美的管理者经常将"企业社会责任"这个词挂在嘴边。但在大多情况下，他们这样做给人的感觉只是为了让自己的行为符合大众的预期，避免遭到舆论指责。还有一种情况是已经功成名就的欧美的管理者最终追求的是社会声誉，因此通过强调社会责任或者个人捐赠来满足自己获得社会声誉的欲望。

欧美的管理者为了不负股东的期望，往往会将追求股东利益最大化放在首位，这样一来就容易逐渐忘记企业肩负的社会责任。因此，欧美国家才特别提出"企业社会责任"这个概念，提醒企业的管理者在追求利益的同时也不要忘记自己的责任。

世界一流的管理文化

与之相比，绝大多数日本大企业的管理者都有一种使命感，发自真心地想要为社会做出贡献，为了利益不择手段的管理者少之又少。毫无疑问，亚洲将在21世纪成为世界经济发展的"领头羊"。

让亚洲国家组成像欧盟那样的"亚盟"恐怕还需要很长的时间，但如果真能够实现"亚盟"的话，日本或许能够发挥一定的带头作用，毕竟日本在经济方面能够发挥出巨大的作用。日本的管理者应该大胆地将自身的管理理念推广到全世界，一定能够得到世界的尊重。

但日本人自己似乎并没有意识到这一点。日本的管理者工作勤奋、愿意与企业全体员工共享工作成果并将其回报给社会，这是世界一流的管理文化。虽然日本没必要将这种管理文化强加给欧美国家，但也不应该妄自菲薄，认为自己与欧美相比就低人一等。日本的管理者只需要带着自信将一直以来的管理态度和管理文化向世界展示出来就行了。总有一天，这将成为全球标准的管理文化和价值观。我自己也将为实现这一目标贡献微薄的力量。

第六章
给年轻人的建议

留学准备

在这里，我想为大家稍微介绍一下我入职高盛之前的留学经历。

在从日产汽车总部被调到东京担任销售员的时候，我接到公司的通知说我通过了内部的留学考试，获得了公司资助出国留学的机会。因为销售员的工作在周六和平日的晚上都比较忙，所以我只能将平日白天的时间全都用来做留学的准备工作。写美国商学院的入学申请书让我很伤脑筋。要想成功入学，托福（英语能力测试）和企业管理研究生入学考试（GMAT）都必须取得相应的分数。不过这两项考试只要努力学习就能通过，并不是很难。

这些考试每年都会在全世界范围内举办好几次，日本人在日本就可以参加考试。最近GMAT好像增加了考试次数限制，但我考试的那时候不管参加多少次考试都可以，考生可以多参加几次考试，取得自己满意的成绩之后再申请想去的学校。

因为可以一直尝试考试直到取得自己满意的结果为止，并不像日本大学入学考试那样一次定胜负，所以考生在精神上也不会有太大的压力。我从入职第二年在横滨第二技术部工作的时候就已经开始准备这些考试，因为有充足的准备时间，所以我早早地就取得了满意的成绩。当时不管是托福还是GMAT，只要取得600分以上（610～620分）的成绩就足够进入美国的顶尖商学院了。现在的入学分数可能提高了不少。

那时候，托福考试600分（全世界平均分在500分左右）大概相当于现在托福网考的100分，现在哈佛商学院和斯坦福大学商学院这样的美国顶尖商学院的及格线好像是109分，相当于我那时候的630分。GMAT的评分方法似乎也发生了变化，据说现在要想考进顶级商学院至少需要700分才行。我很庆幸自己在20世纪80年代的时候就已经取得了MBA学位，现在要想取得这么高的分数可不容易。

推荐信的重要性

在搞定托福和GMAT之后，我接下来要准备的就是写自我介绍。在自我介绍之中，除了需要说明自己的学历和工作经历之外，还要强调自己十分优秀、善于交流、深受周围人的尊敬，以及拥有优良的品德，为社会做出过许多贡献。日本人大多不擅长宣传自己，认为自吹自擂的行为惹人讨厌，但在美国这种自我宣传是必不可少的。

当然，毫无根据地瞎吹肯定是不行的。在自我介绍中，要尽可能用具体的文字描述自己的经历，这样才能提高自我宣传的可信度。除了自我介绍之外还需要一份资料，那就是公司上司或者大学老师的推荐信。他人的推荐信能够从其他角度对你的优点进行说明，增加你自我介绍的可信度，因此非常重要。

不过如果你的上司或老师是日本人，让他们用英语写推荐信可能有点困难，所以绝大多数情况下都是由自己写好推荐信，然后找他们签个字就行了。但这里有一个问题，那就是自己写的推荐信和自己写的自我介绍在文字风格上很容易出现雷同。美国人一看就会发现这些资料都是同一个人写的。尤其是在这些资料里出现相同的语法错误，那就更容易露馅了。我虽然也是自己写的推荐信然后找大学老师签了个名，但后来又找英语母语的朋友帮我做了修改。我在日产汽车的上司本身就是MBA留学归来的，所以他写的推荐信完全没有问题。

还有一个人写的推荐信也起到了非常重要的作用。我入职日产第四年的时候被安排在海外计划部工作，我们聘请了麦肯锡的咨询顾问为我们制定全球市场战略。当时有一位麦肯锡巴黎分公司的来自黎巴嫩的合伙人与我一起共事，我就拜托他帮我写一封推荐信。

这位合伙人亲笔写了一封推荐信。与印刷的推荐信相比，学校方面对亲笔写的推荐信认可度更高。因为他写完推荐信后就直接发给学校，所以我不知道他都写了些什么内容，但所有收到他推荐信的学校都给我发来了录取通知书，可见他在推荐信中为我说了很多好话。他还是我在麻省理工学院斯隆管理学院的前辈。我在麻省理工学院留学期间曾经于校内图书馆中翻阅过历届毕业生的毕业论文，其中就包括他所写的毕业论文。他的论文内容非常深奥，让我对他头脑的优秀程度又有了新的认识。

后来，我辞去日产汽车的工作，决定在咨询顾问和投资银行这两个行业里二选一的时候，还经常去巴黎找他商量。他很热情地邀请我做咨询顾问。虽然当时我和他只在一起共事过3个月，但他对我真的是非常亲切，而且后来也为我提供了许多帮助。

为了避免出现弄虚作假的问题，推荐信都是由推荐人直接发送给学校的，学校在收到推荐信之后会给推荐人发送一封确认信。我在日产汽车的上司和那位麦肯锡的合伙人对此早有经验所以并没有大惊小怪，但在东京大学教我金属工学专业相关课程的教授很惊讶地问我："服部君，我最近总是收到美国发来的邮件。我也没写过那么多推荐信啊，需不需要给他们回信？"

这种确认信是不需要回复的，如果回复得不好反而容易引起对方的怀疑。于是，我急忙安慰这位教授说："不用回信也没关系的。非常感谢您的帮助。"

最终，芝加哥大学、哥伦比亚大学以及麻省理工学院都给我发来了录取通知书。因为我是理科出身，所以对麻省理工学院有一种憧憬，再加上麻省理工学院斯隆管理学院一直是美国排名前十的商学院，因此我决定进入麻省理工学院斯隆管理学院就读。

日本留学生数量最多

在我入职日产第7年的6月，29岁的我第一次离开日本前往美国。美国的大学一般都是在9月的第一个星期一开始新学期的。日本留学生为了适应在美国的生活以及学习英语，往往都会在6月左右提前来到美国。在这段准备期间，有一个地方非常受留学生们欢迎，那就是位于科罗拉多州博尔德的科罗拉多大学博尔德分校。

博尔德地处落基山脉与大平原的交会处，被群山环绕，海拔超过1 500米，即便在夏季也气候凉爽宜人。在这里，留学生可以非常舒适地享受夏日的校园生活。来自世界各地的优秀留学生在开始正式的留学生活之前，大多会选择在这里先熟悉一下MBA的课程。留学生在这里还能够结识许多不同专业的同学，对拓展人脉大有好处。

由于这里环境优雅，如果能够和家人一起在这里度过一个愉快的暑假，那一定能留下非常美好的回忆。不过，我更希望能够尽快前往波士顿，为将来的学习和生活打好基础，所以我没有选择科罗拉多大学博尔德分校的暑期课程，而是选择了位于波士顿的哈佛大学的暑期课程。

当时正值暑假，我刚好可以住在因为学生放假而空出来的学生宿舍之中。我用了两个月左右的时间来适应语言环境，还顺便学习了一下哈佛大学本科的经济学课程。参加哈佛大学暑期课程的有许多来自世界各地的留学生，其中既有哈佛商学院、麻省理工学院斯

麻省理工学院（MIT）

隆管理学院以及波士顿大学等MBA课程学生，也有其他院系或其他大学的学生，比如哈佛大学法律系和公共政策系，以及名门塔夫茨大学国际关系学院的学生。

1987年，麻省理工学院MBA专业的新生只有200人多一点。与之相比，哈佛商学院的新生则多达900人。

当时各国留学生的比例与现在有很大的不同，来自中国、韩国和亚洲其他地区的留学生非常少，日本留学生的数量则非常多。这大概是受当时日本泡沫经济的影响。和我同期进入麻省理工学院斯隆管理学院留学的日本人超过20人，相当于学生总数的10%。在数量上仅次于日本留学生的是来自中南美洲西班牙语国家的留学生，比如阿根廷、哥伦比亚等国家。这些留学生加起来大约有10人。再次就是来自欧洲的留学生，英国、法国、意大利、希腊的留学生各有一两人的样子。来自除了日本之外的亚洲国家的留学生，和我同期的就只有一名中国女性和一名韩国男性。

拥有极强个人主义精神和自尊心的日本人

暑期课程结束后，我在距离戴维斯广场步行5分钟路程的一栋3层木制公寓楼里租了一个单间，在戴维斯广场坐地铁的话只需要3站就能抵达麻省理工学院斯隆管理学院校区。当时的房租是一个月600美元左右。当时1美元能够兑换140日元，也就是说一个月光房租就要8.4万日元，可见美国的物价有多么高。当然，我因为有日产汽车的工资和出差补助，所以生活上没遇到什么困难，要是自费留学的话恐怕真的有点吃不消。

新学期开始后，20多名来自日本的留学生自然而然地就组成了一个小团体。虽说好不容易来到美国留学，更应该和日本人以外的人多交流，但这个日本人团体的存在不管是在学习上还是在生活上都给我提供了非常大的帮助。当时能来麻省理工学院留学的日本人都和普通的日本人不太一样，用一句话来概括的话，这些都是拥有极强个人主义精神和自尊心的日本人。当然，同学们对我的评价也是如此。

更令人感到意外的是，不管和哪一位日本同学交流，我发现我们之间只要通过一个人就能轻而易举地找到共同的朋友。这不禁让人感慨，这个世界真是意外地小。这20多个留学生同学，除了10多年前英年早逝的一个人之外，几乎所有的人至今都仍然保持着联系。即便在工作上没有直接业务往来，但大家在毕业后有从事投资银行工作的也有从事咨询顾问工作的，大家在各自的领域都发展得很好，所以相互之间也形成了一个特殊的信息网络。

只有一个人是例外。那就是在第一次考试的时候就被查出作弊的日本留学生。我和这个人没有任何交集，因为我完全无法理解他的所作所为。除了这个例外，其余的日本同学都是值得尊敬的人。当然，我的朋友不只有日本人，我和几位美国同学现在也仍然保持着联系。几年前，当时的同学们举办了一次纪念毕业25周年的盛大聚会，但我因为工作关系没能前往，实在是非常遗憾。

当时的日本同学之中，来自银行和证券公司等金融机构的人最多。其他还有来自家电企业、钢铁企业、电力公司、政府部门的同学。年纪最大的同学是一位来自建筑公司的大哥，他当时40岁了。其他的同学都是入职四五年，年龄在二十六七岁的人。像我这样入职七年接近30岁的人都算年纪比较大的。美国同学一般都是积累了2~4年的工作经验之后再来进修MBA课程，年龄也大多在二十五岁左右。最年长的同学是一位来自南非的42岁男性，他之前从事的是记者工作。

去哈佛商学院和沃顿商学院进修MBA课程的人大多是咨询顾问和投资银行出身，而选择麻省理工学院斯隆管理学院进修MBA课程的人则大多是技术人员或工程师出身。麻省理工学院斯隆管理学院的班级规模相对较小，只有200名学生。因此，到毕业之前的2年时间里，我基本上能将所有同学的长相和姓名对上号。在拥有900名学生的哈佛商学院，我恐怕就做不到这一点了吧。后来，麻省理工学院斯隆管理学院扩大了招生规模，据说现在的学生数量增加了一倍达到400人。不过哈佛商学院好像还是维持着900人的规模没变。我那时候的学费是一年1.5万美元，而现在学费好像已经飙升到7万美元。刚听说这个数字的时候，我感觉恍如隔世。现在自费留学一定非常困难了。

"道琼斯指数下跌了500点！"

当正式开始学习商学院课程的时候，因为我的英语水平还不怎么好，再加上完全没有经济学和会计学的基础，所以一开始要学的东西非常多，这让我苦不堪言。毫不夸张地说，在商学院的第一年，我过得比我备考大学的那一年还要辛苦。不过，美国商学院的教材和日本的大学以及大学院的教材完全不同，日本的教材主要是教你"怎么做"，而美国的教材都是以实务为主，相对而言美国的教材更容易让人理解。

以会计学为例，日本的"会计学"基本都是"簿记"的内容，也就是教会学生如何记账；美国的"会计学"课程则几乎不讲记账方法，主要让学生掌握如何看懂财务报表（资产负债表、损益表等），以及根据财务报表的内容判断该企业的经营状况。这种能力在实际工作中是必不可少的。

虽然几乎所有的课程我都是初次接触，但因为都是以案例为主，我学起来也是兴致勃勃，就连上大学的时候我都没有这么认真地学习过。商学院开学不久的1987年10月19日，美国股市遭遇了著名的黑色星期一。

当时我们正在教室里上"金融学"或是"会计学"课程，有一名迟到的美国学生克里斯（直到现在我还记得他的名字）推门进来大声说道："道琼斯指数下跌了500点！"

闻听此言，教授都不由得停下讲课，惊讶地叫道："500点？！"

尽管我们在金融相关的课上已经学习过关于股市风险的内容，但在现实世界中亲身经历这样的场景还是让人心有余悸。忽然有一天股市暴跌，自己手里的股票在一夜之间变成废纸。任何人遇到这样的情况恐怕都会彻夜难眠吧。那一天发生的事情让我对"风险"这个词有了非常深刻的认知。

会计学、金融学、微观经济学、宏观经济学、统计学等科目由于比较偏向于理科，因此对我来说只要提前一天做好预习，课上仔细听讲并且认真完成作业就能跟得上进度。这些科目我基本都能取得"A"的分数。但组织行为学、人力资源管理等科目对语言能力的要求非常高，我就学得非常吃力。这些科目我只能拿到"B"的分数。

介于这两者之间的是以案例形式授课的企业战略等课程。这些课程除了需要一定的语言能力之外，逻辑思考能力以及实际的商业活动经验也非常重要，后者在一定程度上能够帮助我弥补语言能力不足的问题。加之20世纪80年代末的日本正因为泡沫经济而备受世界的瞩目，因此只要我说起在日本企业之中工作的经历，其他国家的同学都会认真地听我发言。不过在进入案例讨论环节的时候，美国人都一个接一个地积极发言，我几乎插不上嘴。

但如果在90分钟的讨论时间内一言不发，就得不到相应的学分。为了避免出现这种情况，我想出了一种办法，那就是每次都在最初的阶段抢先发言，因为这个时候讨论的内容还没有变得复杂，大家的情绪也都比较稳定。类似这种英语社会的"处世术"不仅能用在课堂上，在我进入美国的企业就职后也派上了用场。

第一学年结束后的暑假，对于那些自费进修的学生来说是非常宝贵的勤工俭学时间，但对于像我这样的企业派遣留学生来说就是整整3个月的自由时间。我的这个暑假过得非常充实。我首先利用麻省理工学院的体育课程拿到了水肺潜水的证书，然后花了1个月的时间去欧洲旅游。

当时，所有日本企业派遣的留学生基本都会去欧洲旅行。我虽然是独自前往，但在意大利的热那亚住在了意大利同学的家里，这位同学打算趁暑假的时间结婚，我有幸参加了他的订婚晚宴。我在巴黎的时候，同班的法国同学带我去了著名的红磨坊，我趁机学会了在门口将门票交给侍应生让他帮忙找个好位置的技巧。在伦敦，英国同学教我在快要开场的时候从温布尔登网球场门口的黄牛手中以低廉的价格买剩下的门票，当天的比赛因为下雨而推迟到了傍晚才进行，我坐在中央看台观看了克里斯·埃弗特对阵哈娜·曼德利科娃的女子单打四分之一决赛。

　　暑假过后，圣诞节也有2周左右的假期，这次我去的是墨西哥。虽然我也去了位于墨西哥城附近瓜达拉哈拉的日产汽车工厂参观，但主要的目标其实还是去特奥蒂华坎以及奇琴伊察的遗迹观光。作为企业派遣留学生，虽然我在学习上的压力比较大，但也有能够充分享受假期时光的好处。

就职活动

　　悠闲的假期生活结束之后，美国学生突然进入到找工作模式。尤其是自费的美国学生，工作积极性非常高。在美国，父母只会供子女读完高中，至于大学的学费则都是由子女自己承担。也就是说，美国的大学生在上学的同时还要靠打工来养活自己。

　　美国大学生会想尽一切办法争取奖学金和助学贷款。大学二年级的学生就为了积累工作经验和赚取生活费而开始打暑期工。这种生活要一直持续到大学毕业找到工作为止。来商学院继续进修的学生往往也没什么积蓄。不仅如此，有的人已经结婚了，有的人甚至已经离婚了，生活一点也不轻松。

　　我曾经不经意地问了一个同学："Are you married？"（你结婚了吗？）结果他回答说："Used to be！"（曾结过！）我当时还吓了一跳。即便如此，大家都是为了提高自己的职场竞争力才选择来商学院进修，因此学习热情都很高。当我问他们为什么来商学院的时候，他们大多这样回答："考虑到今后的职业规划，无论如何都需要这个学位。"

美国的企业和日本不同，大学本科毕业的人入职后只能从最基础的职位做起，几乎不会有任何升迁。比如一位本科毕业生进入工厂的品质管理部门担任质检员，那么即便他在这个部门工作10年也还是原来的职位，工作20年的话有很小的可能性成为部门经理，但升迁之路也就到此为止了。美国企业的高层领导几乎没有是从基层员工一步一步升上去的，大多是从其他企业"空降"过来的。一名员工进入美国企业后从基层一步一步走到董事的职位，不能说完全没有，但绝对是少之又少。

因此，美国人要想让自己拥有更广阔的职场空间、能够承担更重要的责任、赚取更多的薪水，仅仅凭借本科学历是远远不够的，还需要MBA或者JD（法律博士学位）等学位，然后跳槽到其他的企业直接从中层领导干起。这些美国人从上大学开始就自己筹集学费和生活费，接着又自费进修MBA课程。与企业派遣留学的日本人相比，他们拥有更加成熟的思维模式。

自己的人生由自己决定

在普通的日本人眼中，能去美国的商学院留学的日本人都是独立性和自尊心极强的人，但在这一点上美国人可以说比日本留学生有过之而无不及。美国人都敢于冒险，认为自己的人生要靠自己的双手来开拓，这种文化差异对我造成了极大的影响。

我也曾经有一段时期考虑过自费留学，相信自己有能力在美国生活下去，但最终我得到了公司资助留学的机会，企业不但承担了我全部的学费，还按时给我发工资以及出差补助。我的这种待遇简直让那些美国学生羡慕至极。在受到美国文化的影响后，我开始重新思考自己决定自己人生的重要性，认为只有这样才能真正地获得幸福。

因此，在留学生涯第二年的时候，我决定从日产汽车辞职。如果我继续在日产汽车工作下去，顺理成章地结婚生子、贷款买房，那么等待我的只有成为"社畜"这唯一的选择。到了那个时候，即便公司给我安排我不想做的工作，我也没有任何反抗的余地。这也是促使我从公司辞职的决定性因素。

我逐渐产生"在人生的下半场，一定要能够自己决定自己的位置"以及"绝对不能让公司单方面地决定自己的位置"的想法。事实上，我之前就一直认为"虽然公司并不是我的敌人，但同样也不是我的朋友。如果我不提出要求，公司绝不会主动为我做任何事情。如果想让公司满足自己的要求，那么就必须让自己和公司处于平等的地位，坚持不懈地与公司进行较量，并且在较量中获胜"。上述想法可以说是这一理念的发展。留学后，我受美国文化的影响，终于决定忘记所谓的"义理"和"人情"，从送我出国留学的公司辞职。

前往公证处

在决定辞去日产汽车的工作之后，我先将自己在日产汽车的社内存款全都取了出来，因为当我通知公司辞职的同时，社内存款就会被冻结。我剩下的半年就全指望接近400万日元的存款维生了。在留学期间提出辞职的话，我就必须自己承担一切的留学费用，这对我来说在经济上的压力还是比较大的。当然我也可以继续学完所有的课程，等毕业后再提出辞职。

但这样做可能会给我毕业后即将分配到的部门以及该部门的直属上司带来麻烦。部下突然辞职会使上司的领导能力遭到怀疑，给上司的人事评价造成负面的影响。我不希望出现这样的情况。还有一个原因，那就是在做出决定后仍然隐瞒真实想法欺骗公司继续为自己缴纳学费，我会有心理上的压力。

一般来说，一个人在正式提出辞职之前应该先暗中找好下一份工作。但我当时并没有重视这个问题，因为我对自己的将来盲目自信，觉得自己肯定会被某个管理咨询公司录用。毕竟我在商学院的成绩还算优秀，而且拥有MBA学位的毕业生很容易在管理咨询公司或投资银行找到工作。

我在第二年开始三个月之后的12月份向日产提交了辞职申请。考虑到只给一两个人发送辞职信可能会给对方造成困扰，于是我给十几位领导都发送了辞职信。公司很快就与我取得了联系，希望我能够回公司面谈。但公司似乎并没有报销路费的意思，于是我只能自费购买最便宜的飞机票，趁着圣诞节放假的时候回到日本。我本以为公司会稍微挽留我一下，但可能公司方面知道我是言出必行的人，所以当我来到公司总部的时候，公司方面甚至没让我回到位于10层的原部门，而是由原部门的部长在总部1层的接待室和我见面。

部长只问了我一句话："不改主意了吗？"

我回答说："不会，非常抱歉。"

对方也很痛快地答道："那接下来的事情就交给人事部吧。"

我就这样开始办理起了离职手续，非常干净利落。

办理离职的手续非常简单，唯一需要商讨的就是关于返还留学费用的问题。当时日产汽车派遣的公司资助留学生都签署了一份"毕业后5年内因个人原因辞职的话必须全额返还留学费用"的协议。有专家认为这种协议并不具有法律效力，因为员工是按照公司的安排出国留学，所以没有返还留学费用的义务，就算公司将员工告上法庭也有很高的概率败诉。

我考虑到自己完全是出于个人原因辞职的，所以决定返还留学费用。但日产汽车不但要求我返还留学费用，还要求我全额返还留学期间的工资。但是如果返还工资的话，缴纳的税金却不会退还给我，于是我和公司就这个问题进行谈判。最终公司决定不要求我返还工资，只需要返还全部的留学费用。

我记得返还的留学费用总额大约是700万日元。不过这些钱我不用马上支付，可以在找到工作之后再偿还，但推迟返还时间最长不能超过一年。日产汽车做事一向严谨，当我和公司达成共识之后，人事部门的负责人就和我一起去了位于银座的公证处，制作了一份公证书。公证书上面还明确地写了1年间的利息（民事法定利息5%）。那是我截止到目前的人生中唯一一次去公证处。

想敬而远之的人

在办理完日产的离职手续之后，我就彻底成为一名自费留学生。过完新年回到波士顿后，我立刻收到了二年级下半学期的学费缴纳通知。半学期的学费大约7 000美元。按照1美元兑换140日元来算就是98万日元。对于我当时的经济状况来说，这不是个小数目，但如果不交学费就没办法毕业，而不能毕业就没办法找工作。因此，我只能咬咬牙把学费一分不差地交上去。在接下来的几个月里我基本都在找工作。因为我打算去管理咨询公司工作，所以最初一直在这个行业里应聘。幸运的是，我在日产汽车工作时积累了一定的工作经验，所以几次面试都十分顺利。每次应聘时，我都要在东京和纽约先后接受大约20名面试官面试。

尽管我最终拿到了一家管理咨询公司的录用通知，但在面试过程中我对这家公司的企业文化和工作氛围产生了一些疑问。我在日产汽车工作的时候也接触过一些咨询顾问，当时因为我是客户，所以他们都表现得彬彬有礼。但当我以商学院毕业生的身份去参加面试时，他们就没必要对我有任何顾虑，所以表现出来的应该是最真实的一面，而我对他们表现出来的态度非常反感。大约有90%的人都是"令我讨厌"的家伙，或者是让我想要敬而远之的人。

虽然我已经记不清楚当时自己为什么会有这样的感觉，但对方给我留下的"狂妄""傲慢""瞧不起人"的印象非常深刻。由于咨询顾问这种职业只要向客户提供"建议"就能获得巨额的报酬，所以必须能够得到顾客的尊敬和信任，绝对不能让顾客看扁，在这一点上我也能够理解他们的想法。但这和"狂妄"与"傲慢"完全是两种概念。

我在日产汽车工作时接触过很多麦肯锡的咨询顾问，其中除了麦肯锡日本分公司社长大前研一先生之外，绝大多数都是巴黎分公司和伦敦分公司来的外国人。我在他们的身上就感觉不到丝毫的"狂妄"与"傲慢"。但我在面试的时候接触到的那几个管理咨询公司的日本人面试官却都没给我留下什么好印象。咨询顾问本身工作时间就很长，每天工作15小时几乎是家常便饭。也就是说一旦入职，我和同事在一起的时间甚至比和家人在一起的时间要多得多。如果在这么长的工作时间里，我要和90%"想要敬而远之的人"在一起相处，那可真是太要命了。

想成为朋友的人

就在我犹豫是否要去管理咨询公司就职的时候，通过一个很偶然的机会与高盛取得了联系。当时高盛东京分公司在波士顿举办了一场面向日本留学生的晚宴，我有幸受邀参加。坐在我旁边的高盛员工比我大两岁，听说我正在找工作，立刻就帮我安排了面试。第二天就有几名日本人对我进行了初步面试，然后我又回到日本，在高盛东京分公司接受了大约20名面试官面试。后来，我在纽约又接受了几名面试官面试。参加晚宴之后过了大约2周，我就得到了高盛的录用通知。

当时在纽约面试我的有一名日本人。他在日本只念到小学毕业，从中学开始就一直在英国和美国生活。因此，他的日语水平很差。面试的时候我先用英语和他对话，而他却用日语回应。

我入职高盛后问他为什么在面试的时候和我说日语，他回答说："因为你的英语太烂了。"

3年后，他成为投资银行部门的部长，来到我所在的东京分公司任职。我觉得这是一个报仇的好机会，于是在和他交流的时候都尽可能地用英语。他终于忍不住问我："为什么你总是说英语？"

我立刻回答道："因为你的日语太烂了。"

直到现在，每次我和他见面，都会用英语和日语互相开玩笑。

从我和他的人际关系就可以看得出来，高盛的面试官给人留下的印象与管理咨询公司的面试官给人留下的印象完全相反，在高盛面试我的20个人中，有90%的面试官给我留下的印象都是优秀、开朗、友善，让人很愿意和他们成为朋友。对于当时正在犹豫是否应该去管理咨询公司就职的我来说，这一点非常有吸引力。于是我开始认真思考放弃管理咨询公司、去高盛就职的选择。

　　我曾经有过作为客户与管理咨询公司打交道的经验，所以对咨询顾问的工作有一定的了解。作为咨询顾问虽然要面对各行各业的客户，项目也并不简单，但只要对客户企业内部的数据进行分析并且归纳出符合逻辑的结论即可。如果去管理咨询公司就职的话，工作内容完全难不倒我。反之，当时日本对投资银行及其工作内容知之甚少，而且投资银行属于金融行业，对于我这种理科出身的人，哪怕有在麻省理工学院进修过金融学课程的经验，门槛也是比较高的。

　　当时，在美国管理咨询公司的东京分公司之中，有很多理科毕业拥有生产企业工作经验并取得MBA学位后成为咨询顾问的人，日立制作所工程师出身的大前研一就是其中的代表。虽然高盛东京分公司里也有不少理科毕业的人，但理科毕业同时还在生产企业工作过的人却几乎没有。高盛东京分公司的员工大多是有银行或保险公司的工作经历的人，就连证券公司出身的人都非常少。因此，我不敢肯定自己是否能够弥补这种工作经验上的差距。但最终，我还是认为每天要在一起相处15小时以上的同事如果都是"讨厌的家伙"，我恐怕很难坚持下去，于是我决定去投资银行工作。

　　在接受高盛的工作之前，我还去摩根士丹利面试。但当时摩根士丹利东京分公司给我的感觉和管理咨询公司十分相似。这可能是因为摩根士丹利东京分公司绝大多数的人都有证券行业的工作经历。

　　虽然投资银行的业务主要以证券方面的工作为主，但在与顾客的交流方式上，美国的投资银行更接近于日本的商业银行。在当时，日本的企业一旦遇到问题都会先找商业银行商量对策，只有在增资和发行企业债券的时候才会找证券公司。银行作为金融机构比证券公司更能够得到企业的信赖，在社会上的地位和信誉度都很高。当然，这都是泡沫经济崩溃之前的情况。

在美国，企业在遇到问题时首选的咨询对象是投资银行。美国的企业只有在贷款的时候才会找商业银行。投资银行不管在社会地位还是信誉度上都比商业银行高出许多。

因此，当时日本的投资银行在企业文化上更偏向于银行而非证券公司。高盛东京分公司的员工绝大多数都是银行出身，因此，高盛的企业文化比摩根士丹利的对我更有吸引力。这也是促使我选择高盛的主要因素之一。

经济方面的原因

入职日产汽车的时候，我本以为自己会被安排到海外工作，但因为我是理科出身，入职后理所当然地被安排进工厂工作。这种理想与现实之间的落差使我认识到"公司并不是会主动为我提供帮助的朋友""公司虽然不是敌人，但与个人之间是平等的竞争关系"。这也成为我个人思想的基础理念。

正如前文中提到过的那样，我在美国留学时受到美国文化影响，意识到"自己的人生要靠自己的双手去开拓"，产生了"在人生的下半场，一定要能够自己决定自己的位置，绝对不能让公司单方面地决定自己的位置"的想法。

除了上述原因之外，经济方面的原因也是促使我转行的主要因素。1981年的时候，大学本科毕业生入职日产汽车后的月薪平均在12万日元左右，除此之外还有加班费。日产汽车与工会协商后规定每个月的加班时间不超过20小时，但我感觉实际上加班时间比20小时要多。因为当时汽车行业很景气，所以我每年还能拿到相当于6个月工资的奖金。也就是说，我的年收入是18个月的工资。

日产汽车每年给员工加薪一次，幅度大约是1.5万日元。但应届本科毕业生的入职工资每年也会增加1万日元左右，所以新员工和老员工之间在工资上的差距并不大。我在入职第8年的时候辞职，当时的月薪（不包括出差补助和学费）大约在23万日元。那么18个月的薪水就是大约400万日元。我的年收入差不多就是这些。但我在麻省理工学院斯隆管理学院的日本同学大多是在银行或证券公司等金融机构工作的，因此他们虽然比我年轻，但收入却远远高于我。如果我继续在日产干下去，到三十七八岁的时候顺利升任课长，那么年收入也就是七八百万日元吧。

与之相比，在银行和大型商社工作的人，35岁之前（成为课长之前）的年收入就能够超过1 000万日元（这些全都是推测的数字，而且是以当时的标准计算）。至于35岁之后的收入差距将会更大。我从工作了8年的日产汽车离职时，日产汽车只象征性地给了我23万日元的离职金。其他因为留学或跳槽等原因从原公司离职的同学，和我工作年数差不多的则基本都拿到了7位数的离职金。

当然，离职金还是小事，关键在于我思考今后人生的时候，总是对自己在日产汽车的将来心存不安，我确实对自己当时的收入很不满意。结果在我选择转行后，经济方面一下子就宽裕了起来。因此，这在当时对我的影响也是蛮大的。

同时还有一点也让我非常在意。那就是我入职日产汽车之后被安排在位于静冈县的锻造工厂里工作，这种现实与我的理想之间存在着巨大的偏差，导致我每天都承受着巨大的心理压力。我希望能够选择自己喜欢的工作，这对我来说比什么都重要。

1989年的夏天，我32岁了，我从麻省理工学院斯隆管理学院毕业，离开生活了两年的波士顿，前往位于纽约的高盛总部开始了新的工作历程。

图书在版编目（CIP）数据

高盛并购 /（日）服部畅达著；朱悦玮译 . — 北京：北京时代华文书局，2023.6（2024.4 重印）
ISBN 978-7-5699-4934-6

Ⅰ.①高… Ⅱ.①服…②朱… Ⅲ.①企业兼并—案例 Ⅳ.① F271.4

中国国家版本馆 CIP 数据核字 (2023) 第 097956 号

GOLDMAN SACHS M&A SENKI written by Nobumichi Hattori.
Copyright © 2018 by Nobumichi Hattori. All rights reserved.
Originally published in Japan by Nikkei Business Publications, Inc.
Simplified Chinese translation rights arranged with Nikkei Business Publications, Inc. through Hanhe International (HK) Co., Ltd.

北京市版权局著作权合同登记号 图字：01-2024-0204

拼音书名 | GAOSHENG BINGGOU

出 版 人 | 陈　涛
策划编辑 | 周　磊
责任编辑 | 周　磊
责任校对 | 薛　治
装帧设计 | 程　慧　迟　稳
责任印制 | 訾　敬
出版发行 | 北京时代华文书局 http://www.bjsdsj.com.cn
　　　　　北京市东城区安定门外大街 138 号皇城国际大厦 A 座 8 层
　　　　　邮编：100011　电话：010-64263661　64261528
印　　刷 | 三河市嘉科万达彩色印刷有限公司　0316-3156777
　　　　　（如发现印装质量问题，请与印刷厂联系调换）
开　　本 | 880 mm×1230 mm　1/32　　印　张 | 7.25　字　数 | 166 千字
版　　次 | 2023 年 8 月第 1 版　　　　　印　次 | 2024 年 4 月第 2 次印刷
成品尺寸 | 145 mm×210 mm
定　　价 | 58.00 元